Wissenschaftliches Arbeiten mit KI: Effizient schreiben, recherchieren und korrigieren

K. Kathy Meyer-Ross

Wissenschaftliches Arbeiten mit KI: Effizient schreiben, recherchieren und korrigieren

Ein Guide für Studierende und Professionals

Springer Vieweg

K. Kathy Meyer-Ross (iD)
Fakultät Wirtschaftswissenschaften
HTW Dresden
Dresden, Deutschland

ISBN 978-3-658-51597-3   ISBN 978-3-658-51598-0 (eBook)
https://doi.org/10.1007/978-3-658-51598-0

Die Deutsche Nationalbibliothek verzeichnet diese Publikation in der Deutschen Nationalbibliografie; detaillierte bibliografische Daten sind im Internet über https://portal.dnb.de abrufbar.

Springer Vieweg ist ein Imprint der eingetragenen Gesellschaft Springer Fachmedien Wiesbaden GmbH und ist ein Teil von Springer Nature.
Die Anschrift der Gesellschaft ist: Abraham-Lincoln-Str. 46, 65189 Wiesbaden, Germany

Vorwort

Dieses Buch ist aus der gelebten Praxis entstanden: aus Seminarräumen, aus Diskussionen zwischen Studierenden und Lehrenden, aus neugierigen Experimenten, gescheiterten Versuchen, Aha-Momenten und ehrlicher Begeisterung darüber, was Lernen heute sein kann.

Es geht hier um Künstliche Intelligenz im wissenschaftlichen Arbeiten – also darum, wie wir Themen finden, Fragen schärfen, Literatur strukturieren, schreiben, prüfen, reflektieren und Verantwortung übernehmen. Die vorgestellten Werkzeuge und Arbeitsweisen sind nicht einfach aus Werbebroschüren übernommen worden, sondern wurden liebevoll recherchiert, kritisch hinterfragt und hingebungsvoll mit Studierenden erprobt. Sie sind das Ergebnis gemeinsamer Arbeit: von Studierenden, die offen genug waren, neue Methoden auszuprobieren, und von Lehrenden, die bereit waren loszulassen, Kontrolle zu teilen und eher Coach als Korrekturstelle zu sein.

Ganz wichtig: Dieses Buch erhebt ausdrücklich keinen Anspruch auf Vollständigkeit. Die Landschaft der KI-Anwendungen verändert sich schnell. Tools verschwinden, werden umbenannt, tauchen wieder auf, bekommen neue Funktionen oder neue Grenzen. Auch die rechtlichen und ethischen Rahmenbedingungen entwickeln sich weiter. Deshalb versteht sich dieses Buch nicht als starres Regelwerk, sondern als Momentaufnahme – ein Werkzeugkasten, nicht ein Gesetzestext.

Was Sie in den folgenden Kapiteln finden, sind erprobte Praktiken für Studium, Forschung und wissenschaftliches Schreiben. Sie finden Beispiele, Denkgerüste, typische Fehlerquellen, aber auch ermutigende Wege, wie KI verantwortungsvoll genutzt werden kann, ohne die eigene Eigenleistung zu verlieren. Sie finden Vorschläge, wie man Transparenz ernst nimmt, statt sie als Pflichtübung im Anhang abzuhaken. Und Sie finden Sprache, die nicht versucht, KI zu mystifizieren, sondern sie als das behandelt, was sie für viele von uns längst geworden ist: ein Werkzeug. Ein mächtiges Werkzeug, ja – aber trotzdem ein Werkzeug.

Wenn es eine Haltung gibt, die dieses Buch durchzieht, dann ist es diese: KI darf die akademische Arbeit nicht entwerten. Sie soll sie besser machen.

Besser heißt hier nicht „schneller Copy-Paste", sondern: klarer argumentieren zu können. Eigene Ideen präziser formulieren zu können. Den eigenen Denkprozess sichtbarer machen zu können. Verantwortungsvoller, reflektierter, nachvollziehbarer arbeiten zu können. Genau das ist – und bleibt – die eigentliche Leistung.

Dieses Buch möchte dazu ermutigen, KI weder blind zu feiern noch reflexhaft zu verteufeln, sondern sie bewusst, transparent und kritisch einzusetzen. Es möchte Studierenden Sicherheit geben in einer Prüfungsrealität, die sich spürbar verändert, und Lehrenden Anknüpfungspunkte, wie gute wissenschaftliche Praxis unter KI-Bedingungen gelehrt und bewertet werden kann.

Wenn Sie beim Lesen an einzelnen Stellen denken: „Das würde ich anders machen" – wunderbar. Markieren Sie es. Diskutieren Sie es. Aktualisieren Sie es. Dieses Buch soll benutzt werden, nicht verehrt.

Und vielleicht ist das der wichtigste Punkt: Wissenschaft war immer kollaborativ. Dieses Buch ist es auch.

K. Kathy Meyer-Ross

Inhaltsverzeichnis

1

Einleitung

Künstliche Intelligenz (KI) hat in den vergangenen Jahren eine enorme gesellschaftliche und wissenschaftliche Aufmerksamkeit erlangt. Anwendungen wie Sprachassistenten, automatische Übersetzungssysteme oder generative Modelle wie ChatGPT und DALL·E haben gezeigt, dass Maschinen in der Lage sind, Aufgaben zu übernehmen, die lange Zeit ausschließlich menschlicher Kreativität und Urteilsfähigkeit zugeschrieben wurden. Dieser technologische Fortschritt wirft jedoch nicht nur Fragen nach Effizienz und Innovation auf, sondern auch nach Verantwortung, Ethik und den Grenzen maschineller Unterstützung.

Gerade in der Wissenschaft steht man vor der Herausforderung, den Einsatz von KI-Tools sinnvoll in bestehende Arbeitsprozesse zu integrieren. Einerseits können sie Routineaufgaben beschleunigen, Informationen strukturieren oder kreative Denkanstöße liefern. Andererseits darf dabei die Eigenleistung nicht verloren gehen. Wissenschaftliches Arbeiten lebt von kritischem Denken, eigenständiger Analyse und methodisch sauberer Reflexion – Kompetenzen, die nicht an Maschinen delegiert werden können. KI ist daher immer als Werkzeug zu begreifen, nicht als Ersatz für menschliche Denkarbeit.

K. K. Meyer-Ross, *Wissenschaftliches Arbeiten mit KI: Effizient schreiben, recherchieren und korrigieren*, https://doi.org/10.1007/978-3-658-51598-0_1

Die zentrale Frage lautet also: Wie kann KI im Studium und in der Forschung unterstützend eingesetzt werden, ohne die Grundprinzipien akademischer Redlichkeit zu gefährden?

Um diese Frage zu beantworten, ist es notwendig, sowohl Chancen als auch Risiken in den Blick zu nehmen. Chancen ergeben sich durch die Fähigkeit von KI, große Datenmengen zu analysieren, neue Perspektiven auf komplexe Probleme zu eröffnen oder Texte sprachlich zu verbessern. Risiken hingegen liegen in der unkritischen Übernahme von Ergebnissen, in der Gefahr des Plagiats sowie in den oft verborgenen Verzerrungen (Bias) der zugrunde liegenden Daten.

Dieses Buch verfolgt das Ziel, einen praxisnahen und zugleich kritischen Leitfaden zum Umgang mit KI im wissenschaftlichen Arbeiten zu bieten. Es soll Orientierung geben, wo und wie KI sinnvoll eingesetzt werden kann – von der Themenfindung über die Strukturierung und Literaturarbeit bis hin zur Analyse und Präsentation. Gleichzeitig wird herausgestellt, wo die Grenzen solcher Systeme liegen und welche Verantwortung bei den Studierenden und Forschenden verbleibt.

Die Einleitung legt dafür die inhaltlichen Grundlagen:

KI als Werkzeug: Warum sie als Unterstützung, nicht als Ersatz zu verstehen ist.

Ethik und Verantwortung: Welche Regeln im Umgang mit KI gelten müssen, um wissenschaftliche Integrität zu wahren. Überblick über den Prozess: Welche typischen Phasen wissenschaftlichen Arbeitens es gibt und wie KI in diesen eingebunden werden kann.

Die folgenden Kapitel vertiefen diese Perspektiven: Sie beginnen mit einem Überblick über Grundlagen und Funktionsweisen von KI, behandeln anschließend spezifische Methoden wie das Prompting und widmen sich den rechtlichen, ethischen und didaktischen Fragen, die mit der Nutzung verbunden sind.

Schließlich werden konkrete Anwendungsbeispiele aufgezeigt, die Schritt für Schritt veranschaulichen, wie KI die verschiedenen Etappen wissenschaftlicher Arbeit begleiten kann.

Damit versteht sich diese Einführung nicht als Technik- oder Programmieranleitung, sondern als Einladung zu einer reflektierten Auseinandersetzung: KI soll als „Co-Pilot" des wissenschaftlichen Arbeitens begriffen werden – als Impulsgeber, der Denkprozesse erweitert, aber nicht ersetzt. Die Verantwortung für Inhalt, Qualität und Glaubwürdigkeit wissenschaftlicher Arbeiten liegt weiterhin bei den Menschen, die sie verfassen.

2

KI – Kurzer Inputüberblick

Was ist Künstliche Intelligenz (KI)?
Künstliche Intelligenz (KI) beschreibt ein Teilgebiet der Informatik, das sich mit der Entwicklung und Anwendung von Systemen beschäftigt, die menschliche Intelligenz simulieren können. Dabei geht es insbesondere darum, Prozesse wie Lernen, Schlussfolgern, Planen und Verstehen in technischen Systemen nachzubilden. Das Ziel ist es, Maschinen zu befähigen, komplexe Probleme eigenständig zu lösen, Entscheidungen zu treffen und menschliche Sprache zu verstehen und zu generieren.

Der zentrale Anspruch von KI liegt in ihrer Fähigkeit, aus Erfahrungen und Daten zu lernen. Dies geschieht, indem Algorithmen Muster und Regelmäßigkeiten erkennen und darauf basierend eigenständig Schlussfolgerungen ziehen können (LeCun et al., 2015). Die moderne KI-Forschung orientiert sich dabei stark an Erkenntnissen aus Psychologie, Neurowissenschaft und Kognitionswissenschaft, was zu interdisziplinären Ansätzen und Fortschritten geführt hat (Lake et al., 2017).

Die praktische Anwendung von KI hat bereits viele Bereiche des täglichen Lebens durchdrungen. Prominente Beispiele sind Sprachassistenten wie Siri oder Alexa, die natürliche Sprache verarbeiten und

K. K. Meyer-Ross, *Wissenschaftliches Arbeiten mit KI: Effizient schreiben, recherchieren und korrigieren*, https://doi.org/10.1007/978-3-658-51598-0_2

mit dem Benutzer interagieren können (Hoy, 2018). Ebenso etabliert sind Technologien wie Gesichtserkennung, welche mittlerweile in Bereichen wie Sicherheitstechnik, Smartphones und sozialen Medien weit verbreitet sind. Darüber hinaus nutzen autonome Fahrzeuge KI-Systeme, um Umgebungen in Echtzeit wahrzunehmen und darauf basierend komplexe Entscheidungen im Straßenverkehr zu treffen (Yurtsever et al., 2020).

Diese technologischen Entwicklungen verdeutlichen, wie stark KI bereits unseren Alltag verändert und zukünftige Potenziale eröffnet. Dennoch bleibt die zentrale Herausforderung, diese Technologien verantwortungsvoll und ethisch vertretbar einzusetzen, um gesellschaftlichen Mehrwert zu schaffen und Risiken zu minimieren (Jobin et al., 2019).

Arten von Künstlicher Intelligenz

Künstliche Intelligenz lässt sich grob in zwei Kategorien einteilen: schwache KI (Narrow AI) und starke KI (Artificial General Intelligence, AGI). Diese Unterscheidung ist grundlegend für das Verständnis aktueller und zukünftiger Entwicklungen im Bereich der KI.

Schwache KI (Narrow AI) bezeichnet Systeme, die auf spezifische Anwendungsbereiche spezialisiert sind und ausschließlich innerhalb dieser engen Grenzen operieren können. Sie sind darauf ausgelegt, vordefinierte Aufgaben zu erfüllen – sei es das Klassifizieren von E-Mails als Spam, das Beantworten einfacher Kundenanfragen über Chatbots oder die Empfehlung von Produkten in Online-Shops (Jarrahi, 2018). Diese Systeme verfügen über keine Bewusstseinsähnlichkeit oder Fähigkeit zur kontextübergreifenden Generalisierung. Ihre Intelligenz ist rein funktional und basiert auf der Verarbeitung großer Datenmengen mit festgelegten Zielvorgaben. Die meisten im Alltag eingesetzten KI-Anwendungen gehören zu dieser Kategorie (Kaplan & Haenlein, 2019).

Starke KI (AGI – Artificial General Intelligence) hingegen stellt ein theoretisches Konzept dar. Sie bezeichnet Maschinen, die nicht nur auf bestimmte Aufgaben beschränkt sind, sondern über umfassende, menschlich vergleichbare kognitive Fähigkeiten verfügen. Eine starke KI könnte flexibel lernen, Schlussfolgerungen ziehen, sich an neue Situationen anpassen und Wissen kontextübergreifend anwenden – ähnlich wie ein Mensch. Bislang existiert AGI jedoch nicht in der Praxis. Verschiedene Forschungsinitiativen, etwa DeepSeek, streben die Entwicklung solcher

Systeme an, jedoch bestehen erhebliche technische, ethische und philosophische Hürden (Goertzel & Pennachin, 2007).

Die Unterscheidung zwischen schwacher und starker KI ist auch für die gesellschaftliche und politische Debatte relevant, insbesondere im Hinblick auf Verantwortung, Regulierung und Vertrauen in KI-Technologien. Während schwache KI bereits heute weit verbreitet ist und konkrete Nutzenpotenziale zeigt, bleibt starke KI ein ambitioniertes Ziel, dessen Realisierung ungewiss ist.

Generative KI

Generative Künstliche Intelligenz (GenAI) beschreibt eine Unterform der KI, die in der Lage ist, eigenständig neue Inhalte zu erzeugen. Dazu gehören beispielsweise Texte, Bilder, Musik, Videos oder sogar Programmcodes. Im Gegensatz zu klassischer KI, die vorwiegend auf die Analyse und Klassifikation bestehender Daten fokussiert ist, steht bei generativer KI die Erzeugung originärer Inhalte im Vordergrund (Touvron et al., 2023).

Bekannte Beispiele für generative KI-Anwendungen sind ChatGPT für Texte, DALL•E für Bilder und Deepfake-Technologien für realistisch wirkende, aber synthetisch generierte Videos. Diese Tools basieren auf sogenannten generativen Modellen, insbesondere auf Generative Adversarial Networks (GANs) und Transformer-basierten Architekturen wie GPT (Radford et al., 2019).

Letztere nutzen riesige Textkorpora aus dem Internet, um Sprachmuster zu analysieren und daraus neue Inhalte zu formulieren, die dem menschlichen Ausdruck ähneln.

Die Funktionsweise generativer KI beruht auf maschinellem Lernen, insbesondere auf tiefen neuronalen Netzen, die aus umfangreichen Datenmengen statistische Zusammenhänge extrahieren. Die Modelle generalisieren aus Trainingsdaten und verwenden diese Muster, um neue, ähnlich strukturierte Inhalte zu generieren.

Dabei wird jedoch keine „kreative" Intelligenz im menschlichen Sinne eingesetzt, sondern eine statistische Approximation dessen, was wahrscheinlich als nächstes auftreten würde (Bubeck et al., 2023).

Generative KI eröffnet neue kreative Möglichkeiten in Forschung, Wirtschaft und Kultur, wirft jedoch auch ethische und gesellschaftliche

Fragen auf – etwa im Hinblick auf Urheberrecht, Manipulation oder Authentizität von Inhalten. Der verantwortungsvolle Umgang mit solchen Technologien ist daher essenziell.

Maschinelles Lernen (ML)

Maschinelles Lernen (ML) ist ein zentrales Teilgebiet der künstlichen Intelligenz und beschreibt die Fähigkeit von Algorithmen, aus Daten zu lernen, ohne explizit programmiert zu sein. Anstatt strikte Regeln zu befolgen, analysieren ML-Modelle große Mengen an Trainingsdaten und erkennen darin Muster, die sie zur Vorhersage, Klassifikation oder Entscheidungsfindung nutzen können. Der Lernprozess basiert auf der Idee, dass Modelle mit zunehmender Datenmenge und Erfahrung ihre Leistung kontinuierlich verbessern (Mitchell, 1997).

Grundlegend lassen sich drei Hauptarten des maschinellen Lernens unterscheiden: überwachtes Lernen, unüberwachtes Lernen und bestärkendes Lernen.

Überwachtes Lernen (Supervised Learning) ist die am häufigsten eingesetzte Form. Hierbei trainiert man das Modell mit einem beschrifteten Datensatz, d. h., jedem Eingabedatum ist ein bekanntes Ziel (Label) zugeordnet. Ziel ist es, eine Funktion zu erlernen, die neue, unbekannte Daten korrekt klassifizieren oder vorhersagen kann. Ein klassisches Beispiel ist die Spam-Erkennung: E-Mails werden als „Spam" oder „Nicht-Spam" gekennzeichnet, und das Modell lernt anhand dieser Beispiele, neue E-Mails einzuordnen.

Unüberwachtes Lernen (Unsupervised Learning) hingegen arbeitet mit unbeschrifteten Daten. Ziel ist es, in den Daten verborgene Strukturen oder Muster zu erkennen – z. B. durch Clustering-Verfahren, die ähnliche Datenpunkte gruppieren. Typische Anwendungsbereiche sind die Kundensegmentierung im Marketing oder die Dimensionsreduktion in der Datenvisualisierung (Jain, 2010).

Bestärkendes Lernen (Reinforcement Learning) basiert auf einem Belohnungssystem. Ein Agent interagiert mit einer Umgebung, trifft Entscheidungen und erhält dafür Rückmeldungen in Form von Belohnungen oder Strafen. Ziel ist es, durch Versuch und Irrtum eine optimale Strategie (Policy) zu entwickeln.

Dieses Verfahren ist besonders relevant für autonome Systeme wie Roboter oder Computerspiel-Agents (Sutton & Barto, 2018).

Alle drei Lernarten bilden die methodische Grundlage vieler moderner KI-Anwendungen.

Ihre Effektivität hängt stark von der Datenqualität, der Modellarchitektur und der Zielsetzung ab. In der Praxis werden häufig hybride Ansätze verfolgt, die Elemente mehrerer Lernformen kombinieren.

Large Language Models (LLMs)

Large Language Models (LLMs) sind spezialisierte KI-Modelle, die auf natürliche Sprache ausgerichtet sind. Ihr Ziel ist es, menschenähnliche Texte zu verstehen und zu generieren. Zu den bekanntesten Vertretern zählen OpenAI's GPT-Modelle (wie ChatGPT), Google's Gemini (früher Bard) oder Meta's LLaMA. Diese Modelle haben in den letzten Jahren enorme Fortschritte gemacht und beeinflussen zunehmend Forschung, Bildung, Journalismus und andere textbasierte Berufsfelder (Bommasani et al., 2021).

Die grundlegende Funktionsweise von LLMs beruht auf der Verarbeitung von Textdaten in großem Maßstab. Während des Trainings werden Milliarden von Wörtern aus verschiedenen Quellen – etwa Bücher, wissenschaftliche Artikel, Webseiten und Foren – analysiert, um Sprachmuster zu erkennen. Diese Daten dienen dazu, Wahrscheinlichkeiten für Wortfolgen zu berechnen. Das Modell lernt also nicht den „Inhalt" im engeren Sinne, sondern statistische Zusammenhänge zwischen Wörtern, Sätzen und Kontexten (Brown et al., 2020).

Ein zentrales Merkmal moderner LLMs ist ihre Fähigkeit zum sogenannten Transfer Learning. Dabei wird ein vortrainiertes Modell auf spezifische Aufgaben (z. B. juristische Texte analysieren, wissenschaftliche Abstracts zusammenfassen) feinjustiert (fine-tuning). Diese Vorgehensweise macht LLMs vielseitig einsetzbar, auch in sehr spezialisierten Domänen (Chowdhery et al., 2022).

Das Modell ist häufig ein Transformer, eine Deep-Learning-Architektur, die 2017 von Vaswani et al. vorgestellt wurde. Diese Architektur erlaubt es dem Modell, auch bei sehr langen Texten relevante Zusammenhänge zu erkennen, indem sie Wortkontexte parallel verarbeitet – ein wesentlicher Fortschritt gegenüber früheren sequenziellen Modellen wie RNNs oder LSTMs (Vaswani et al., 2017).

LLMs sind somit nicht nur in der Lage, menschenähnliche Antworten zu generieren, sondern sie zeigen auch bemerkenswerte Fähigkeiten im Umgang mit Sprache, Argumentationsstrukturen und kreativen Ausdrucksformen. Dennoch handelt es sich um statistische Systeme ohne echtes Verständnis oder Bewusstsein – eine Tatsache, die im Umgang mit ihren Ergebnissen stets reflektiert werden sollte.

Neuronale Netze und Deep Learning

Neuronale Netze bilden die rechnerische Grundlage vieler moderner KI-Systeme und sind von der Struktur und Funktionsweise des menschlichen Gehirns inspiriert. Sie bestehen aus künstlichen „Neuronen", die in mehreren Schichten miteinander verbunden sind und Informationen weiterleiten, verarbeiten und gewichten können. Das Ziel ist es, komplexe Zusammenhänge in den Eingangsdaten zu erkennen und daraus sinnvolle Ausgaben zu erzeugen (McCulloch & Pitts, 1943).

Jede Verbindung zwischen den Neuronen besitzt ein Gewicht, das während des Trainingsprozesses angepasst wird.

Dieser Lernprozess erfolgt durch sogenannte Rückpropagation (Backpropagation), bei dem Fehler iterativ korrigiert und die Netzwerkgewichte optimiert werden (Rumelhart et al., 1986). Durch diese Methode sind neuronale Netze in der Lage, auch nichtlineare und hochdimensionale Datenstrukturen zu modellieren.

Der Begriff **Deep Learning** beschreibt neuronale Netze mit vielen verborgenen („hidden") Schichten. Je tiefer das Netz – also je mehr Schichten es hat –, desto komplexere Muster kann es erkennen. Diese Tiefe ermöglicht eine höhere Abstraktionsebene der Datenverarbeitung und ist besonders nützlich für anspruchsvolle Aufgaben wie Bilderkennung, Sprachverarbeitung oder autonome Navigation (LeCun et al., 2015).

Ein typisches Beispiel ist die Bilderkennung mit Convolutional Neural Networks (CNNs), die in der medizinischen Bildanalyse, der autonomen Fahrzeugsteuerung oder der Gesichtserkennung eingesetzt werden. Durch ihre Fähigkeit, lokale Bildmerkmale wie Kanten oder Texturen zu extrahieren, liefern CNNs besonders präzise Ergebnisse (Krizhevsky et al., 2012).

Neuronale Netze sind heute die dominierende Methode im maschinellen Lernen, insbesondere im Zusammenhang mit großen Datenmengen (Big Data). Sie sind flexibel, skalierbar und lassen sich auf unterschiedlichste Anwendungen anpassen. Dennoch benötigen sie erhebliche Rechenleistung und große Mengen an Trainingsdaten – ein Umstand, der ihre Nutzung in der Praxis limitiert und ökologische sowie ethische Fragen aufwirft (Strubell et al., 2019).

Wichtige Anwendungen

Die Einsatzmöglichkeiten Künstlicher Intelligenz (KI) sind vielfältig und gewinnen zunehmend an Bedeutung in verschiedenen gesellschaftlichen und wirtschaftlichen Bereichen. Besonders prägnante Beispiele finden sich in der Medizin und der Industrie. Hier trägt KI nicht nur zur Effizienzsteigerung bei, sondern kann auch lebensrettende oder wirtschaftlich relevante Entscheidungen unterstützen.

Medizin

In der medizinischen Diagnostik wird KI genutzt, um Muster in komplexen Bilddaten oder Patientendaten zu erkennen. Insbesondere Convolutional Neural Networks (CNNs) werden erfolgreich in der Radiologie eingesetzt, z. B. zur Erkennung von Tumoren in MRT- oder CT-Bildern. Studien zeigen, dass KI in bestimmten Anwendungsbereichen eine diagnostische Genauigkeit erreicht, die der erfahrener Radiologen gleichkommt oder diese sogar übertrifft (Esteva et al., 2017). Ein weiteres Einsatzfeld ist die Pathologie, in der KI-Modelle histologische Proben analysieren und Krebszellen erkennen können (Coudray et al., 2018).

Auch bei der Medikamentenentwicklung wird KI zunehmend eingesetzt, um potenzielle Wirkstoffe vorherzusagen, molekulare Strukturen zu analysieren und klinische Studien effizienter zu planen.

Deep Learning beschleunigt so den sonst langwierigen und teuren Prozess der Arzneimittelentwicklung erheblich (Zhavoronkov et al., 2019). Der gezielte Einsatz von KI erlaubt es, neue Therapien schneller auf den Markt zu bringen und personalisierte Medizinansätze zu verfolgen.

Industrie

In der Industrie findet KI vor allem Anwendung in der vorausschauenden Wartung (Predictive Maintenance). Hier analysieren KI-Modelle Sensordaten von Maschinen, um potenzielle Ausfälle frühzeitig zu erkennen und Wartungsmaßnahmen rechtzeitig einzuleiten. Dies reduziert ungeplante Stillstände und verlängert die Lebensdauer technischer Anlagen erheblich (Zonta et al., 2020).

Darüber hinaus wird KI in der Qualitätskontrolle eingesetzt, etwa durch automatische Bilderkennungssysteme, die Produktionsfehler identifizieren. Auch in der Logistik und im Supply-Chain-Management ermöglichen KI-basierte Vorhersagemodelle eine optimierte Lagerhaltung und effizientere Transportplanung (Choi et al., 2018).

Alltag

Im Alltag der Menschen ist KI mittlerweile tief verankert. Empfehlungssysteme wie die von Netflix, Amazon oder Spotify analysieren das Nutzerverhalten und schlagen personalisierte Inhalte oder Produkte vor. Diese Systeme basieren auf komplexen Machine-Learning-Algorithmen, die Präferenzen aus historischen Daten ableiten und daraus zukünftige Vorlieben prognostizieren (Gómez-Uribe & Hunt, 2015).

Ein weiteres Beispiel sind automatische Übersetzungstools wie DeepL oder Google Translate, die mithilfe neuronaler Netze Übersetzungen generieren. Durch sogenannte Neural Machine Translation (NMT) erreichen moderne Übersetzer eine deutlich höhere Qualität als frühere regelbasierte Systeme (Wu et al., 2016).

Die Integration von KI in medizinische, industrielle und alltägliche Prozesse steht exemplarisch für das transformative Potenzial dieser Technologie. Gleichzeitig wirft sie Fragen nach Verantwortung, Transparenz und Regulierung auf, insbesondere wenn es um sicherheitskritische oder personenbezogene Entscheidungen geht.

Ethische Fragen und Risiken

Mit dem zunehmenden Einsatz Künstlicher Intelligenz gehen auch zahlreiche ethische und gesellschaftliche Herausforderungen einher. Diese betreffen insbesondere Fragen des Datenschutzes, der Fairness, der Transparenz sowie wirtschaftliche und geopolitische Auswirkungen.

Datenschutz

KI-Systeme benötigen große Datenmengen für Training und Betrieb – darunter oft auch personenbezogene Daten. Dies wirft erhebliche datenschutzrechtliche Fragen auf, vor allem im Hinblick auf die Einhaltung der Datenschutz-Grundverordnung (DSGVO) in Europa.

Die Erhebung, Verarbeitung und Speicherung sensibler Daten wie Gesundheits- oder Verhaltensdaten müssen transparent und rechtlich abgesichert erfolgen. Besondere Risiken entstehen durch intransparente Datenquellen und unzureichende Anonymisierung (Mittelstadt et al., 2016).

Bias und Diskriminierung

Ein zentrales ethisches Problem ist die Voreingenommenheit (Bias) von KI-Systemen. Wenn Trainingsdaten historische Vorurteile oder gesellschaftliche Ungleichheiten enthalten, kann die KI diese verstärken oder reproduzieren. Beispiele reichen von diskriminierenden Kreditscoring-Systemen bis zu Verzerrungen in Gesichtserkennungstechnologien, die bei nicht-weißen oder weiblichen Personen deutlich ungenauer arbeiten (Buolamwini & Gebru, 2018). Die Erkennung und Korrektur solcher Verzerrungen ist komplex und erfordert interdisziplinäre Ansätze.

Geopolitische Interessen und Machtasymmetrien

Ein oft übersehener Aspekt betrifft die Kontrolle über große KI-Modelle und -Infrastrukturen. Unternehmen und staatlich geförderte Einrichtungen aus Ländern wie den USA oder China haben einen enormen technologischen Vorsprung. Dies schafft geopolitische Abhängigkeiten und wirft Fragen nach digitaler Souveränität, Zensur oder manipulativer Informationslenkung auf (Brundage et al., 2018). Wer über die Trainingsdaten und den Zugang zur Recheninfrastruktur verfügt, kontrolliert letztlich auch die inhaltliche Ausrichtung von KI-Systemen.

Jobwandel und ökonomische Disruption

KI hat das Potenzial, ganze Berufsfelder zu verändern. Routinetätigkeiten – insbesondere in der Verwaltung, im Transportwesen oder in der Produktion – sind besonders betroffen. Studien prognostizieren eine substanzielle Verlagerung von Aufgaben, wobei nicht zwangsläufig

Arbeitsplätze verschwinden, sondern sich die Anforderungen an Qualifikationen ändern (Frey & Osborne, 2017). Gleichzeitig entstehen neue Berufe in der KI-Entwicklung, -Überwachung und -Integration.

Die ethischen Herausforderungen Künstlicher Intelligenz erfordern einen ganzheitlichen und vorsorgenden Umgang. Technologische Innovation sollte mit klaren Regeln, gesellschaftlichem Diskurs und partizipativer Gestaltung einhergehen.

Zukunft der KI

Die zukünftige Entwicklung Künstlicher Intelligenz ist von enormem Innovationspotenzial geprägt, bringt aber auch komplexe Herausforderungen mit sich. Technologische Fortschritte in den Bereichen Sprachverarbeitung, Robotik und wissenschaftlicher Forschung gehen einher mit offenen Fragen nach Kontrolle, Regulierung und ethischer Verantwortung.

Trends

Ein zentraler Trend ist die Weiterentwicklung von Sprachmodellen. Large Language Models (LLMs) wie GPT-4 oder Gemini werden zunehmend leistungsfähiger und in der Lage, komplexe Aufgaben wie juristische Argumentation, Programmieren oder wissenschaftliches Schreiben zu übernehmen (OpenAI, 2023).

Diese Modelle werden mit multimodalen Fähigkeiten ausgestattet – das heißt, sie können nicht nur Text, sondern auch Bild-, Audio- und Videoinhalte verarbeiten und generieren.

Auch in der wissenschaftlichen Forschung wird KI künftig eine zentrale Rolle spielen. Sie kann Hypothesen generieren, Experimente simulieren und wissenschaftliche Artikel analysieren oder sogar mitschreiben. Erste Studien zeigen, dass KI-basierte Tools den Forschungsprozess beschleunigen und den Zugang zu Wissen demokratisieren können.

Ein weiterer Entwicklungsbereich betrifft humanoide Roboter, die zunehmend für Interaktion, Pflege, Bildung und Dienstleistung konzipiert werden. Fortschritte in der Sensorik, Sprachverarbeitung und maschinellen Bewegungssteuerung ermöglichen es, Robotern menschenähnliches Verhalten zu imitieren – mit potenziell weitreichenden Auswirkungen auf Arbeitswelten und soziale Beziehungen.

Herausforderungen

Trotz der technologischen Euphorie stellen sich grundlegende Herausforderungen. Eine davon ist die Kontrolle über KI-Systeme. Fragen nach Transparenz, Nachvollziehbarkeit von Entscheidungen (Explainable AI) und der Vermeidung autonomer Fehlhandlungen sind noch nicht abschließend geklärt. Auch das sogenannte Alignment-Problem – also die Sicherstellung, dass KI-Systeme mit menschlichen Werten übereinstimmen – bleibt eine offene Forschungsfrage (Gabriel, 2020).

Zudem fehlt bislang eine einheitliche globale Regulierung. Während die EU mit dem AI Act einen ersten Rahmen geschaffen hat, bestehen international große Unterschiede im Umgang mit KI. Die Notwendigkeit internationaler Standards und Kooperationen wird daher immer drängender – etwa im Hinblick auf Sicherheitsanforderungen, Haftungsfragen oder Exportkontrollen (Floridi et al., 2018).

Die Zukunft der KI hängt nicht nur von technologischer Innovation ab, sondern ebenso von gesellschaftlicher Gestaltungskraft. Bildung, Regulierung und interdisziplinärer Diskurs werden entscheidend sein, um KI verantwortungsvoll in den Dienst des Gemeinwohls zu stellen.

3

Prompting

Die Interaktion mit KI-Systemen erfolgt über Spracheingaben – sogenannte Prompts. Während klassische Software mit klaren Befehlen und Menüs arbeitet, funktioniert generative KI über eine dialogische Schnittstelle. Damit wird der Prompt zur zentralen „Steuerungseinheit": Er bestimmt, welche Qualität, Tiefe und Genauigkeit die Ausgabe eines Modells erreicht. Prompting ist somit keine bloße technische Formalität, sondern eine Kernkompetenz des wissenschaftlichen Arbeitens im digitalen Zeitalter (Liu et al., 2023).

3.1 Grundlagen des Prompting

Ein Prompt ist die Eingabe, mit der Nutzer*innen ein KI-System steuern. Dabei kann es sich um eine einfache Frage, eine komplexe Anweisung oder auch um eine Kombination mehrerer Elemente handeln. Schon die Formulierung entscheidet darüber, wie relevant und nützlich die Antwort ausfällt.

© Der/die Autor(en), exklusiv lizenziert an Springer Fachmedien Wiesbaden GmbH, ein Teil von Springer Nature 2026
K. K. Meyer-Ross, *Wissenschaftliches Arbeiten mit KI: Effizient schreiben, recherchieren und korrigieren*, https://doi.org/10.1007/978-3-658-51598-0_3

- **Geschlossene Fragen** („Wann wurde die EU gegründet?") liefern oft präzise, aber knappe Antworten.
- **Offene Fragen** („Welche Faktoren haben zur Gründung der EU beigetragen?") regen die KI zu umfassenderen Antworten an.
- **Anweisungen** („Erkläre die Gründung der EU in drei Absätzen, jeweils mit einer Quelle") geben zusätzlich Struktur vor.

Für akademische Zwecke ist es entscheidend, den Prompt mit Kontext anzureichern: Zielgruppe, gewünschter Stil (wissenschaftlich, zusammenfassend, kritisch), Umfang und Perspektive. Wer diese Elemente berücksichtigt, erhält meist qualitativ hochwertigere Ergebnisse (Brown et al., 2020; Liu et al., 2023).

3.2   Strategien für effektives Prompting

Über die Grundlagen hinaus gibt es Strategien, die das Ergebnis systematisch verbessern können:

- **Klarheit und Präzision:** Vage Prompts führen zu vagen Antworten. Präzise Formulierungen reduzieren Missverständnisse (OpenAI, 2024).
- **Rollenprompting:** Indem man der KI eine Rolle zuschreibt („Du bist eine Professorin für Soziologie …"), verändert sich die Art und Tiefe der Antwort.
- **Chain-of-Thought-Prompting:** Prompts, die eine schrittweise Argumentation einfordern („Erkläre Schritt für Schritt …"), führen zu nachvollziehbareren Ausgaben (Wei et al., 2022; Kojima et al., 2022).
- **Few-Shot- und Zero-Shot-Prompting:** Gibt man Beispiele (Few-Shot), kann die KI Muster besser erkennen. Ohne Beispiele (Zero-Shot) zeigt sich, wie gut das Modell eigenständig mit Aufgaben umgehen kann (Brown et al., 2020).

Diese Strategien lassen sich kombinieren. So entsteht ein Repertoire, mit dem Studierende ihre Prompts flexibel auf verschiedene Aufgaben zuschneiden können (Liu et al., 2023).

3.3   Iteration und Feedbackschleifen

Qualitativ hochwertige Ergebnisse entstehen selten beim ersten Versuch. Prompting ist ein dialogischer Prozess, bei dem man die Antworten der KI überprüft, nachschärft und weiterentwickelt.
Beispiel:

- **Erste Eingabe:** „Erkläre den Begriff Nachhaltigkeit."
- **Feedback:** „Bitte in einem wissenschaftlichen Stil und mit Beispielen aus der Wirtschaft."
- **Weiterer Schritt:** „Füge aktuelle Literaturangaben (ab 2020) hinzu."

So entsteht Schritt für Schritt ein Ergebnis, das besser zu den eigenen Anforderungen passt. Iteration bedeutet daher, KI nicht als einmaliges Tool, sondern als Partner im Lernprozess zu begreifen (OpenAI, 2024; Liu et al., 2023).

3.4   Fallbeispiele im Studium

Prompting kann in allen Phasen des Studiums eine Rolle spielen:

- **Literaturrecherche:** KI kann Suchbegriffe vorschlagen oder erste Übersichten geben. Prompts wie „Liste zentrale Theorien zur Organisationspsychologie seit 2000 auf" helfen, den Einstieg zu strukturieren.
- **Gliederungen und Exposés:** Ein Prompt wie „Erstelle eine mögliche Gliederung für eine Bachelorarbeit über die Energiewende in Deutschland" kann Denkanstöße liefern, die anschließend kritisch überarbeitet werden.
- **Schreibstil und Korrektur:** Prompts zur sprachlichen Verbesserung („Formuliere diesen Absatz in wissenschaftlichem Stil") unterstützen beim Feinschliff.

- **Reflexion und kritisches Denken:** Prompts wie „Welche Gegenargumente sprechen gegen die These X?" können helfen, eine Diskussion ausgewogener zu gestalten.

Diese Beispiele verdeutlichen: KI ersetzt nicht die Eigenleistung, sondern kann als Impulsgeber dienen (OpenAI, 2024).

3.5   Grenzen des Prompting

So hilfreich Prompting ist, es stößt an klare Grenzen. Generative KI kann Halluzinationen produzieren, also falsche Fakten oder erfundene Quellen. Sie spiegelt zudem die Biases ihrer Trainingsdaten wider (Bender et al., 2021) und versteht keine Ironie oder impliziten Bedeutungen.

Das größte Risiko besteht darin, Ergebnisse unkritisch zu übernehmen. Studierende müssen daher lernen, jede Antwort einer KI kritisch zu prüfen, zu hinterfragen und mit zuverlässigen Quellen zu validieren.

Die wichtigste Regel lautet: KI unterstützt – Verantwortung bleibt beim Menschen.

4

KI im akademischen Kontext: Recht und Grenzen

Der Einsatz von Künstlicher Intelligenz im Studium und in der Forschung wirft neben methodischen und didaktischen Fragen vor allem rechtliche und ethische Herausforderungen auf. Studierende und Lehrende müssen verstehen, in welchen Bereichen eine Nutzung erlaubt ist, wo rechtliche Grenzen verlaufen und welche Verantwortung mit dem Einsatz einhergeht. Dieses Kapitel bietet einen Überblick über die wichtigsten Regelungen, Limitationen und institutionellen Rahmenbedingungen.

4.1 Urheberrecht und geistiges Eigentum

KI-Systeme wie ChatGPT oder DALL·E erzeugen Texte, Bilder oder Code, die nicht unmittelbar einem menschlichen Urheber zugeordnet werden können. Das führt zu grundlegenden Fragen im akademischen Kontext. Nach deutschem und europäischem Recht gilt als Urheber nur eine natürliche Person. KI-generierte Inhalte sind daher in der Regel nicht geschützt. Sie können genutzt werden, sollten im wissenschaftli-

© Der/die Autor(en), exklusiv lizenziert an Springer Fachmedien Wiesbaden GmbH, ein Teil von Springer Nature 2026
K. K. Meyer-Ross, *Wissenschaftliches Arbeiten mit KI: Effizient schreiben, recherchieren und korrigieren*, https://doi.org/10.1007/978-3-658-51598-0_4

chen Kontext aber immer kenntlich gemacht werden, etwa durch einen Hinweis in der Methodik oder im Anhang (Dreier & Schulze, 2022).

KI-generierte Texte, Bilder und andere Inhalte bewegen sich aktuell in einem rechtlichen Graubereich, insbesondere was Urheberrecht und geistiges Eigentum betrifft. Sie können genutzt werden. Allerdings empfiehlt es sich, die jeweils geltenden Policies bzw. Richtlinien der beteiligten Unternehmen, Forschungseinrichtungen, Verlage sowie (Hoch-)Schulen zum Umgang mit KI-generierten Inhalten – insbesondere KI-basierten Abbildungen – sorgfältig zu prüfen. Diese Vorgaben können sich deutlich unterscheiden und müssen daher im Einzelfall berücksichtigt werden. Im wissenschaftlichen Kontext sollten KI-generierte Inhalte außerdem immer kenntlich gemacht werden, etwa durch einen Hinweis in der Methodik oder im Anhang

Ein weiteres Problem ist das Plagiatsrisiko: Wenn KI-Ausgaben unreflektiert übernommen werden, entsteht der Eindruck, es handle sich um Eigenleistung. Um dies zu vermeiden, ist eine klare Abgrenzung notwendig. Die Verantwortung für eine saubere Trennung zwischen KI-gestützten Hilfestellungen und eigener Leistung liegt bei den Studierenden. Da generative Modelle Inhalte oft ohne transparente Quellenangabe erzeugen, müssen Fakten stets überprüft und korrekt belegt werden.

4.2 Prüfungsrecht und akademische Integrität

Die Nutzung von KI-Tools berührt unmittelbar die Regeln wissenschaftlichen Arbeitens und die Prüfungsordnungen der Hochschulen.In Haus- und Abschlussarbeiten darf KI in vielen Hochschulen unterstützend eingesetzt werden, wenn die Nutzung transparent gemacht wird. Eine komplette Abgabe von KI-generierten Texten ohne Eigenleistung gilt dagegen als Täuschungsversuch.

In Klausuren und mündlichen Prüfungen ist der Einsatz von KI-Tools unzulässig. Hier gilt das Prinzip der Eigenleistung in Reinform.

Zunehmend etablieren Hochschulen Transparenzpflichten: Studierende müssen angeben, ob und wie KI-Tools eingesetzt wurden. An der

ETH Zürich oder der LMU München gibt es bereits Leitlinien, die eine Dokumentation der KI-Nutzung im Anhang oder in der Methodik vorsehen (ETH Zürich, 2023).

4.3 Institutionelle Leitlinien und Governance

Da gesetzliche Vorgaben häufig allgemein bleiben, entwickeln Hochschulen, Institute, Unternehmen oder auch Publisher eigene Richtlinien. Manche Institutionen erlauben den Einsatz von KI für Ideenfindung, Gliederung oder sprachliche Korrektur, verbieten aber die Erstellung kompletter Textpassagen.

Andere differenzieren zwischen „erlaubter Unterstützung" (z. B. Formulierungshilfen) und „unerlaubter Leistungserbringung" (z. B. automatisiertes Schreiben ganzer Kapitel).

Hochschulen stehen damit vor einem Balanceakt: Einerseits wollen sie Innovation und digitale Kompetenzen fördern, andererseits müssen sie die akademische Integrität sichern. Einheitliche Standards fehlen bislang, doch der Druck wächst, verbindliche Policies zu entwickeln, die sowohl Lehrende als auch Studierende absichern (Universität Wien, 2023).

4.4 Ethische Dimensionen und Limitationen von KI

Neben rechtlichen Fragen sind auch die inhärenten Grenzen von KI für den akademischen Kontext bedeutsam.

- Halluzinationen: KI kann falsche Fakten oder Quellen „erfinden". Studierende müssen lernen, diese zu erkennen und durch Faktenchecks zu überprüfen (z. B. in Datenbanken oder durch Rücksprache mit Fachliteratur).
- Bias in Trainingsdaten: Ergebnisse spiegeln oft kulturelle Verzerrungen wider, etwa bei Geschlecht, Ethnie oder Sprache. Kritische Reflexion ist daher notwendig (Buolamwini & Gebru, 2018).

- Kontextverständnis: KI erkennt keine Ironie, implizite Argumente oder Mehrdeutigkeit. Sie eignet sich für strukturierende Aufgaben, nicht für tiefgehende Interpretation.
- Golden Rule: Jeder Output ist kritisch zu prüfen, zu hinterfragen und mit zuverlässigen Quellen zu validieren.

Die Reflexion dieser Limitationen ist Teil wissenschaftlicher Mündigkeit. Studierende lernen dadurch, KI nicht als Autorität, sondern als Werkzeug im Sinne eines „thinking partner" einzusetzen.

4.5   Datenschutz und der EU AI Act

Ein zentraler regulatorischer Rahmen ist der EU AI Act, der 2024 verabschiedet wurde. Er teilt KI-Systeme in Risikoklassen ein und formuliert konkrete Pflichten für Anbieter und Nutzer.

Für Studierende sind vor allem folgende Aspekte relevant:

- Transparenzpflichten: Generative KI muss als solche erkennbar gemacht werden. Wer KI in wissenschaftlichen Arbeiten nutzt, sollte dies offenlegen.
- Risikoklassen: Anwendungen mit potenziellen Auswirkungen auf Grundrechte (z. B. in Bildung oder Beschäftigung) unterliegen strengeren Anforderungen.
- Datenschutz: Sensible Daten – insbesondere personenbezogene Interviews oder Patientendaten – dürfen nicht in Cloud-basierte KI-Systeme eingegeben werden. Die DSGVO bleibt vorrangig (Voigt & von dem Bussche, 2021).

Damit verdeutlicht der EU AI Act, dass KI-Nutzung im akademischen Bereich nicht im rechtsfreien Raum geschieht. Studierende müssen den verantwortungsvollen Umgang mit diesen Tools erlernen – sowohl aus rechtlicher als auch aus ethischer Perspektive.

5

Phasen des wissenschaftlichen Arbeitens mit KI

Wissenschaftliches Arbeiten folgt einem klaren Prozess, der sich in einzelne Phasen gliedern lässt – von der Themenfindung über die Strukturierung bis hin zur Auswertung und Präsentation. Jede dieser Phasen bringt eigene Herausforderungen mit sich: den kreativen Beginn, die methodische Planung, die analytische Bearbeitung und schließlich die stringente Darstellung der Ergebnisse.

Traditionell werden diese Schritte durch klassische Methoden wie Literaturrecherche, Mindmapping, Exzerpieren oder Diskussion mit Betreuenden begleitet. Mit dem Aufkommen von Künstlicher Intelligenz (KI) eröffnet sich jedoch eine neue Dimension der Unterstützung: Digitale Tools können Ideen anregen, Daten analysieren, Gliederungen vorschlagen oder Texte sprachlich verbessern. Damit rücken Fragen nach einem reflektierten und verantwortungsvollen Einsatz von KI in den Mittelpunkt.

Ziel dieses Kapitels ist es, den wissenschaftlichen Arbeitsprozess Schritt für Schritt nachzuzeichnen und zu zeigen, wie KI in jeder Phase gewinnbringend eingesetzt werden kann – ohne dabei die Eigenleistung zu ersetzen. Die folgenden Unterkapitel greifen die klassischen Etappen wissenschaftlichen Arbeitens auf und verknüpfen sie mit praxisnahen Beispielen

K. K. Meyer-Ross, *Wissenschaftliches Arbeiten mit KI: Effizient schreiben, recherchieren und korrigieren*, https://doi.org/10.1007/978-3-658-51598-0_5

für KI-gestützte Tools. So entsteht ein Leitfaden, der Studierenden Orientierung gibt: Wo kann KI sinnvoll unterstützen, wo liegen ihre Grenzen, und wie lässt sich die eigene wissenschaftliche Urteilskraft durch KI ergänzen, nicht ersetzen?

Damit wird deutlich: KI ist kein „Shortcut" zum wissenschaftlichen Arbeiten, sondern ein Co-Pilot, der dazu beiträgt, komplexe Aufgaben strukturierter, effizienter und oft auch kreativer zu bewältigen. Die Verantwortung für die Qualität der Arbeit bleibt jedoch immer beim Menschen.

5.1 Themenfindung – Mit KI zur passenden wissenschaftlichen Fragestellung

Warum die Themenfindung entscheidend ist
Die Themenfindung bildet den ersten und oft entscheidenden Schritt im wissenschaftlichen Arbeitsprozess. Sie beeinflusst die Auswahl der Literatur, die methodische Ausrichtung und die Relevanz der Analyse. Ein gutes Thema ist nicht nur interessant, sondern auch bearbeitbar, anschlussfähig an den aktuellen Forschungsstand und aus Sicht des Fachs bedeutsam.

Gerade Studierende empfinden diesen ersten Schritt häufig als Hürde: Wo anfangen? Was ist erlaubt – und was nicht? Wie lässt sich ein Thema finden, das sowohl den eigenen Interessen entspricht als auch wissenschaftlichen Kriterien genügt?

Hier können digitale Werkzeuge, insbesondere KI-gestützte Tools, Orientierung geben. Sie helfen, erste Ideen zu entwickeln, Themenbereiche zu strukturieren oder bestehende Forschungslücken aufzudecken.

Entscheidend dabei ist der bewusste, kritische Umgang mit den KI-Vorschlägen. Denn Künstliche Intelligenz ersetzt nicht das eigenständige Denken, sie kann es aber inspirieren. Die Kombination aus KI-gestützter Ideenfindung und klassischen Methoden (z. B. Mindmapping, Fachrecherche, Gespräche mit Betreuenden) hat sich als besonders effektiv erwiesen.

Was macht ein gutes Thema aus?
Die Wahl eines geeigneten Themas ist ein zentraler Faktor für den Erfolg wissenschaftlicher Arbeiten – unabhängig vom Fachgebiet oder dem Qualifikationsniveau. Bevor digitale Hilfsmittel wie KI-basierte Tools zum Einsatz kommen, sollte deshalb eine bewusste Auseinandersetzung mit den zentralen Qualitätskriterien wissenschaftlicher Themenwahl erfolgen. Diese Kriterien lassen sich in vier Dimensionen gliedern: Relevanz, Machbarkeit, persönliches Interesse und Anschlussfähigkeit an den Forschungsstand. Zur strukturierten Selbstreflexion der eigenen Themenwahl kann die Checkliste in Tab. 5.1 genutzt werden.

Relevanz bedeutet, dass ein Thema einen nachvollziehbaren Beitrag zur wissenschaftlichen oder gesellschaftlichen Diskussion leisten sollte. Dabei kann Relevanz entweder durch theoretische Anschlussfähigkeit oder durch einen erkennbaren Praxisbezug begründet sein. Besonders in anwendungsorientierten Studiengängen wird häufig gefordert, dass das Thema mit realweltlichen Problemstellungen verknüpft ist.

Tab. 5.1 Check: Ist mein Thema geeignet?

Vier Fragen zur Selbstreflexion			
Kriterium	Leitfrage	Bewertung	Kommentar/ Feststellung
Relevanz	Leistet das Thema einen Beitrag zur aktuellen Forschung oder Praxis?	☐ Ja ☐ Teilweise ☐ Nein	z. B. Bezug zu aktuellen gesellschaftlichen Fragen?
Machbarkeit	Kann ich das Thema im vorgegebenen Zeitrahmen und mit meinen Ressourcen bearbeiten?	☐ Ja ☐ Teilweise ☐ Nein	z. B. verfügbare Daten, Methodenkenntnis, Zugang
Persönliches Interesse	Ist das Thema für mich spannend und motivierend?	☐ Ja ☐ Teilweise ☐ Nein	z. B. persönlicher Bezug, Neugier, Zukunftsrelevanz
Forschungsstand	Ist das Thema wissenschaftlich anschlussfähig oder greift es eine Forschungslücke auf?	☐ Ja ☐ Teilweise ☐ Nein	z. B. Hinweise aus Literatur, Elicit, Consensus

Machbarkeit bezieht sich auf die praktische Durchführbarkeit im Rahmen der vorgegebenen Bedingungen. Dazu gehören neben dem zeitlichen Umfang und dem Abgabetermin auch der Zugriff auf Daten, Literaturquellen oder Expert:innen sowie die eigene methodische Kompetenz. Ein noch so spannendes Thema verliert seinen Wert, wenn es in der Praxis nicht adäquat bearbeitet werden kann (Flick, 2022).

Persönliches Interesse ist ein oft unterschätzter Erfolgsfaktor. Die intrinsische Motivation beeinflusst sowohl die Tiefe der Auseinandersetzung als auch die Ausdauer bei der Umsetzung.

Forschung zeigt, dass Studierende, die sich emotional mit ihrem Thema identifizieren, eine höhere Schreibzufriedenheit und bessere Arbeitsergebnisse erzielen (Ryan & Deci, 2000).

Anschlussfähigkeit an den Forschungsstand stellt sicher, dass die Arbeit nicht im luftleeren Raum entsteht. Ein Thema sollte entweder an bestehende Debatten anknüpfen oder eine identifizierbare Forschungslücke adressieren. Letztere kann durch gezielte Literaturanalysen, aber auch durch den Einsatz spezialisierter KI-Tools wie *Elicit* oder *Consensus* aufgedeckt werden. Diese Systeme durchsuchen wissenschaftliche Datenbanken nach offenen Fragestellungen und geben erste Hinweise auf bestehende Evidenzlagen.

KI-gestützte Tools können somit helfen, diese vier Dimensionen systematisch zu reflektieren. So lassen sich etwa durch Prompts wie *„Welche aktuellen Forschungslücken gibt es im Bereich Nachhaltigkeit in der Textilindustrie?"* erste Themenideen generieren, die anschließend auf Relevanz, Machbarkeit, persönliches Interesse und Anschlussfähigkeit geprüft werden können.

Wichtig bleibt jedoch: Die finale Entscheidung für ein Thema sollte nicht der KI überlassen werden. Stattdessen dient sie als methodisches Werkzeug, das die Eigenverantwortung des wissenschaftlich Arbeitenden unterstützt, aber nicht ersetzt (Jobin, 2019).

Hinweis zur Anwendung:
Beantworte jede Frage ehrlich. Wenn du mindestens **3 von 4 Kriterien mit „Ja"** beantworten kannst, ist dein Thema grundsätzlich geeignet. Bei „Teilweise" lohnt es sich, gezielt nachzubessern – z. B. durch Rücksprache mit deiner Betreuung oder gezielte Recherche.

KI-gestützte Themenreflexion – Prompts für ChatGPT & Co.
Ziel: Unterstützt die Einschätzung eines Themas entlang der Kriterien *Relevanz, Machbarkeit, Interesse* und *Forschungsstand* – mit differenzierter, datenbasierter Rückmeldung.

1. Relevanz
Prompt:
„Bewerte die wissenschaftliche und gesellschaftliche Relevanz des Themas [z. B. ‚Plastikvermeidung im Einzelhandel‘] aus interdisziplinärer Perspektive. Gibt es aktuelle Forschung oder politische Debatten dazu?"
Ziel: KI nennt Anwendungsfelder, gesellschaftliche Diskurse und ggf. Forschungstrends.
Tool-Tipp: Perplexity.ai + Quellenlink prüfen.

2. Machbarkeit
Prompt:
„Welche methodischen Herausforderungen und praktischen Einschränkungen könnten bei der Bearbeitung des Themas [‚Remote Work in der Sozialen Arbeit‘] auftreten? Welche Datenquellen wären verfügbar?"
Ziel: Die KI zeigt mögliche Hindernisse, Datengrundlagen und Aufwand auf.
Tool-Tipp: DeepSeek.ai für spezialisierte methodische Hinweise.

3. Persönliches Interesse
Prompt:
„Formuliere fünf Reflexionsfragen, mit denen ich prüfen kann, ob das Thema [‚Digitalisierung an Schulen‘] meinen persönlichen Interessen, Werten oder beruflichen Zielen entspricht."
Ziel: Selbstreflexion anregen, Motivation analysieren.
Tool-Tipp: ChatGPT – mit Folgefragen vertiefen.

4. Forschungsstand
Prompt (einfach):
„Welche offenen Forschungsfragen gibt es derzeit zum Thema [‚Künstliche Intelligenz in der Pflege‘]? Nenne aktuelle Studien oder systematische Reviews."

Prompt (für Elicit.org):
„What are the open research questions in the field of [‚AI in elderly care‘]?"
Ziel: Erste Forschungslücken identifizieren, Stand der Literatur verstehen.
Tool-Tipp: Elicit oder Consensus – ideal für englischsprachige Forschung.

Tipp zur Integration in den Arbeitsprozess:
- Nutze die vier Prompts jeweils nacheinander (z. B. im Abstand von 1–2 Tagen) zur vertieften Prüfung eines Themas.
- Notiere dir die wichtigsten Antworten in einem „KI-Logbuch" – analog zur klassischen Forschungsskizze.
- Stimme die Erkenntnisse mit deinem Betreuungspersonal ab.

Der kreative Forschungsprozess – klassisch und KI-gestützt
Die Wahl eines geeigneten Themas und die Ausarbeitung einer klaren Fragestellung sind zentrale Bestandteile des wissenschaftlichen Arbeitens.

Dieser kreative Prozess beginnt häufig mit einer offenen, explorativen Phase, in der es darum geht, Interessen auszuloten, erste Ideen zu sammeln und diese systematisch einzugrenzen. Traditionell basiert dieser Prozess auf einer Kombination aus persönlicher Reflexion, strukturierten Denkmethoden und ersten Rechercheschritten.

Zu den bewährten klassischen Methoden gehören etwa **Brainstorming, Mindmapping** und **Clusterkarten,** die dazu dienen, Assoziationen sichtbar zu machen und Themenfelder zu strukturieren. Ebenso hilfreich sind **Gespräche mit Betreuenden oder Peers,** um erste Rückmeldungen zur Relevanz und Bearbeitbarkeit zu erhalten. In dieser Phase kann auch die Orientierung über erste **Fachdatenbanken** wie Google Scholar, BASE oder FIS Bildung wichtige Impulse geben – etwa durch das Sichtbarmachen dominanter Diskurse, Schlüsselbegriffe oder aktueller Publikationen.

Mit dem Aufkommen von **Künstlicher Intelligenz (KI)** ist der kreative Forschungsprozess um neue digitale Werkzeuge erweitert worden, die das Potenzial haben, die erste Phase der Themenentwicklung deutlich zu unterstützen. KI-gestützte Systeme wie **ChatGPT, Perplexity.ai, DeepSeek.ai** oder **Google Gemini** ermöglichen eine niedrigschwellige und schnelle Generierung von Ideen, Fragestellungen und thematischen Anregungen – oft in wenigen Sekunden und mit hoher sprachlicher Qualität (Bommasani et al., 2021).

Ein besonderer Mehrwert ergibt sich durch die Fähigkeit solcher Systeme zur **Exploration verwandter Themen und semantischer Kontexte.** Anders als bei der klassischen Schlagwortsuche erkennen KI-Modelle inhaltliche Zusammenhänge, die nicht explizit genannt, aber implizit bedeutungstragend sind – etwa durch Ähnlichkeiten in Argumentationsmustern, Begriffssystemen oder Disziplinen (Bubeck et al., 2023). Dadurch entstehen oft neue Perspektiven oder interdisziplinäre Anknüpfungspunkte.

Ein weiterer innovativer Einsatzbereich ist die **Identifikation potenzieller Forschungslücken.** Tools wie **Elicit.org** oder **Consensus.app** durchsuchen wissenschaftliche Abstracts und Datenbanken gezielt nach offenen Fragen, typischen Hypothesen oder kontroversen Debatten innerhalb eines Fachgebiets. Diese Tools ermöglichen damit eine datengetriebene Ergänzung zu klassischen Suchstrategien – allerdings primär in englischsprachigen Kontexten und mit kritischer Prüfung erforderlich.

Trotz aller Vorteile darf nicht übersehen werden, dass KI-gestützte Methoden nicht die Reflexion, Urteilskraft und Eigenleistung ersetzen, die das wissenschaftliche Arbeiten im Kern auszeichnen. Vielmehr sollten klassische und digitale Strategien **komplementär** gedacht werden: Klassische Methoden helfen beim Strukturieren und Tiefendenken, während KI-Systeme vor allem in der Breite, Geschwindigkeit und Kontextsensitivität punkten. Ein bewusster Umgang mit beiden Herangehensweisen stärkt die Qualität der Themenwahl und erhöht die Chancen auf eine fundierte, relevante wissenschaftliche Arbeit.

KI-Tools zur Themenfindung im Überblick

Die erste Phase wissenschaftlichen Arbeitens, die Themenfindung, stellt häufig eine kognitive Hürde dar – nicht zuletzt, weil sie sowohl Kreativität als auch methodische Klarheit verlangt. Inzwischen stehen zahlreiche KI-gestützte Tools zur Verfügung, die diesen Prozess unterstützen können. Diese Systeme helfen dabei, erste Ideen zu generieren, Themen einzugrenzen, verwandte Fragestellungen zu explorieren oder relevante Forschungslücken zu identifizieren. Dabei haben sich bestimmte Tools – je nach Zielsetzung – besonders bewährt. Einen Überblick über zentrale KI-Tools zur Themenfindung sowie deren Stärken und Grenzen bietet Tab. 5.2.

Tab. 5.2 KI-Tools zur Themenfindung im Überblick

Tool	Kostenmodell	Stärken	Schwächen	Typische Einsatzfelder
ChatGPT	Kostenlos/Pro	Vielseitig, schnelle Ideengenerierung	Kann ungenaue Quellen liefern	Erste Themenideen, Brainstorming
Perplexity.ai	Kostenlos/Plus	Semantische Websuche mit Quellenangabe	Tiefe hängt von Fragestellung ab	Trend-Recherche, Quellenprüfung
DeepSeek.ai	Kostenlos	Fokussiert, stark in technischen Themen	Eingeschränkte Themenspektren	Spezialisierte Suche (z. B. STEM-Bereich)
Google Gemini	Kostenlos	Sehr aktuelle Informationen, gute Sprachqualität	Mangelnde Tiefe bei Nischenthemen	Themenfindung nach aktuellen Trends
Elicit	Kostenlos	Forschungslückenanalyse, Paper-Zusammenfassungen	Nur auf Englisch, Fachbereichsgrenzen	Literaturübersicht, Gap Analysis
Consensus	Kostenlos	KI-basierte Zusammenfassung von Studien	Qualität variiert, englischsprachig	Forschungsscope, Evidence Review

Tab. 5.3 Checkliste: Themenfindung mit KI – reflektiert, verantwortungsvoll, wirksam

Frage/Kriterium	Kommentar/Notizen
1. Interessenklärung: Entspricht das Thema meinen persönlichen Interessen und Zielen?	Was motiviert mich an diesem Thema?
2. Fachliche Relevanz: Leistet das Thema einen Beitrag zur aktuellen Forschung oder Praxis?	Bezug zu Theorie, gesellschaftlicher Kontext etc.?
3. Machbarkeit: Ist das Thema im verfügbaren Zeitrahmen mit meinen Ressourcen bearbeitbar?	Datenlage, Literatur, Methodenkenntnisse?
4. Literaturbasis geprüft: Habe ich erste Quellen oder Studien zum Thema gefunden?	Z. B. über Google Scholar, BASE, Elicit, Consensus
5. Forschungslücke identifiziert: Gibt es eine offene Frage, die noch nicht ausreichend beantwortet ist?	Über KI-Tools oder klassische Recherche erschlossen?
6. Klarer Fokus: Ist mein Thema ausreichend eingegrenzt und spezifisch formuliert?	Z. B. durch iterative Prompts und Rückfragen
7. Kritisch reflektiert: Habe ich KI-Vorschläge geprüft, angepasst oder verworfen?	Was stammt von der KI, was von mir? Dokumentiert?
8. Betreuung eingebunden: Habe ich mein Thema mit einer Lehrperson oder Peer diskutiert?	Erste Rückmeldung eingeholt?
9. Ethik beachtet: Sind Plagiate, Urheberrecht und akademische Standards berücksichtigt?	Zitate, Quellen und Eigenleistung transparent?

Tab. 5.3 zeigt eine Checkliste zur reflektierten und verantwortungsvollen Themenfindung mit KI.

ChatGPT von OpenAI zählt zu den am weitesten verbreiteten Sprachmodellen. Es ist in einer kostenlosen und einer erweiterten kostenpflichtigen Pro-Version erhältlich. Seine besondere Stärke liegt in der schnellen und vielseitigen Generierung von Ideen, z. B. durch Brainstorming-Prompts oder erste Gliederungsvorschläge. Aufgrund der fehlenden Quellennachweise in der Basisversion und möglicher inhaltlicher

Ungenauigkeiten sollte der Output jedoch stets kritisch hinterfragt werden (Brown et al., 2020). Typische Einsatzfelder sind erste Themenideen, Formulierung von Arbeitstiteln oder die spielerische Annäherung an ein noch unklar definiertes Interessensfeld.

Perplexity.ai geht einen Schritt weiter, indem es eine semantische Websuche mit konkreten Quellenverweisen kombiniert. Die Antworten sind in der Regel kompakt und thematisch fokussiert, wobei die Tiefe stark von der Qualität und Spezifität der Fragestellung abhängt. Besonders nützlich ist Perplexity bei der Recherche zu aktuellen gesellschaftlichen oder technologischen Entwicklungen, bei denen klassische Datenbanken zu langsam oder zu selektiv reagieren. Die Möglichkeit zur direkten Quellenprüfung macht dieses Tool zu einer sinnvollen Ergänzung zur klassischen Suchmaschinenrecherche.

DeepSeek.ai ist ein weniger bekanntes, aber forschungsnahes Sprachmodell, das auf technische und wissenschaftliche Kontexte spezialisiert ist. Besonders stark ist es im Bereich STEM (Science, Technology, Engineering, Mathematics), wo es fundierte Formulierungen, Fachbegriffe und Problemstellungen generieren kann. Gleichzeitig zeigt sich eine Einschränkung in der thematischen Breite – geistes- oder sozialwissenschaftliche Fragestellungen werden seltener vollständig erfasst. Dennoch eignet sich DeepSeek hervorragend für spezialisierte Themenfindung und das Formulieren präziser wissenschaftlicher Fragen in technikaffinen Studiengängen.

Ein weiteres hilfreiches Tool ist **Google Gemini** (ehemals Bard), das besonders durch seine Anbindung an die Google-Suchinfrastruktur aktuellste Informationen liefern kann. Es eignet sich gut für eine explorative Themenfindung entlang aktueller gesellschaftlicher Trends oder Debatten. Die Stärken liegen in der natürlichsprachlichen Qualität der Antworten und der Fähigkeit, große Mengen an Webinformationen kontextsensitiv zu verarbeiten.

Schwächen zeigen sich in der Tiefe – besonders bei Nischenthemen oder stark theoriebasierten Fragestellungen kann Gemini mitunter oberflächliche oder unstrukturierte Vorschläge liefern.

Speziell auf wissenschaftliche Fragestellungen ausgerichtet sind die beiden englischsprachigen Tools **Elicit** und **Consensus.** Elicit.org analysiert Forschungsabstracts und Papers auf der Basis von KI und liefert systematisch strukturierte Übersichten zu typischen Forschungsfragen, Hypothesen oder Evidenzlagen.

Consensus.app verfolgt einen ähnlichen Ansatz, geht jedoch stärker in die Richtung von Evidence Review: Zu einer eingegebenen Forschungsfrage liefert das Tool Zusammenfassungen wissenschaftlicher Studien und Einschätzungen zum aktuellen Stand der Forschung.

Auch hier ist die Nutzung auf den englischsprachigen Raum beschränkt und die Ergebnisqualität ist nicht in jedem Fachgebiet gleich hoch.Ein übergreifender Blick auf diese Tools zeigt: Es gibt nicht das eine perfekte System zur Themenfindung. Vielmehr liegt der didaktische Mehrwert darin, je nach Fragestellung, Fachgebiet und Rechercheziel verschiedene Tools strategisch zu kombinieren. Während ChatGPT oder Gemini vor allem zum **kreativen Einstieg** in die Themenwahl geeignet sind, bieten Perplexity und DeepSeek gute Ansätze zur **Verfeinerung und Kontextualisierung,** und Elicit sowie Consensus unterstützen die **wissenschaftliche Validierung und Fokussierung.**

Best Practices für den KI-gestützten Einsatz

Die erfolgreiche Nutzung Künstlicher Intelligenz im Prozess der Themenfindung hängt nicht nur von der Wahl des richtigen Tools ab, sondern vor allem von einer reflektierten und methodisch fundierten Herangehensweise. Gerade in der Anfangsphase wissenschaftlicher Projekte kann KI ihre Stärken im Bereich der Inspiration, Strukturierung und Exploration entfalten – vorausgesetzt, sie wird strategisch eingesetzt. Im Folgenden werden zentrale Handlungsempfehlungen („Best Practices") für den KI-gestützten Einsatz vorgestellt, die sowohl in der Hochschuldidaktik als auch in aktuellen Forschungsarbeiten empfohlen werden.

1. Spezifisch fragen

Die Qualität der von KI generierten Antworten hängt maßgeblich von der Präzision der Eingabeaufforderung (Prompt) ab. Allgemeine oder unscharfe Fragen führen oft zu oberflächlichen oder wenig relevanten Ergebnissen. Je klarer die Fragestellung formuliert ist – etwa durch Nennung eines konkreten Fachbereichs, Zeitbezugs oder Kontexts –, desto zielgerichteter und nützlicher sind die Vorschläge. Beispiele für gelungene Prompts sind:

- *„Nenne mir fünf aktuelle Themenvorschläge zur digitalen Transformation im Gesundheitswesen."*
- *„Welche ungelösten Probleme gibt es im Bereich Circular Economy?"*
- *„Was sind spannende Fragestellungen zu sozialer Gerechtigkeit im Bildungssystem?"*

Diese Vorgehensweise entspricht der Erkenntnis aus der Prompt-Forschung, dass der sogenannte Prompt Engineering-Prozess eine entscheidende Rolle für die Ergebnisqualität spielt (White et al., 2023).

2. Iterativ arbeiten

Ein einzelner Prompt reicht in der Regel nicht aus, um ein präzises Thema oder eine tragfähige Fragestellung zu entwickeln. Vielmehr ist eine iterative Vorgehensweise ratsam, bei der Folgefragen gestellt werden, um den Fokus zu verfeinern, Teilaspekte zu isolieren oder thematische Alternativen zu entwickeln. Dieses „Fragen in Schleifen" spiegelt den heuristischen Charakter kreativer Prozesse wider, wie er auch in klassischen wissenschaftsdidaktischen Modellen beschrieben wird.

Beispielhafte Folgeprompts wären:

- *„Bitte erläutere, warum dieses Thema relevant ist."*
- *„Formuliere eine mögliche Forschungsfrage zu Vorschlag 3."*
- *„Welche theoretischen Konzepte könnten auf dieses Thema angewendet werden?"*

3. Ergebnisse dokumentieren

Um die eigene wissenschaftliche Eigenleistung sichtbar und transparent zu halten, ist es empfehlenswert, alle KI-generierten Vorschläge und die eigene Bewertung systematisch zu dokumentieren. Dies kann in Form eines *KI-Logbuchs* oder eines digitalen Recherchejournals geschehen. Dort können neben dem Prompt auch die Antworten, die Reflexion der

Qualität sowie Entscheidungen für oder gegen bestimmte Themenideen festgehalten werden.

Diese Praxis entspricht auch den Anforderungen an akademische Redlichkeit im digitalen Zeitalter, wie sie in vielen Hochschulleitlinien und Ethikkodizes inzwischen explizit adressiert werden (Jobin et al., 2019).

4. KI als Ideengeber, nicht als Entscheider nutzen

KI-gestützte Tools sollten stets als Werkzeuge zur Anregung des Denkens betrachtet werden – nicht als Entscheidungssysteme. Die finale Auswahl eines Themas sollte daher immer im Spannungsfeld persönlicher Relevanz, wissenschaftlicher Anschlussfähigkeit und fachlicher Rücksprache erfolgen. Eine unreflektierte Übernahme von KI-Vorschlägen birgt nicht nur methodische Risiken (z. B. in Bezug auf Plagiate, Halluzinationen oder Bias), sondern widerspricht auch dem Prinzip wissenschaftlicher Eigenverantwortung.

Didaktisch betrachtet erfüllt KI in dieser Phase die Rolle eines *kreativen Impulsgebers* – vergleichbar mit einer Denkpartnerin, nicht mit einer Autorität. Diese Perspektive wird auch in der aktuellen Forschung zum *Human-AI Collaboration Paradigm* betont, das die wechselseitige Ergänzung menschlicher Urteilsfähigkeit und maschineller Vorschlagslogik fokussiert (Jarrahi, 2018).

Die effektive Nutzung von KI in der Themenfindung basiert auf klaren Fragen, einem iterativen Arbeitsprozess, bewusster Reflexion und der konsequenten Einbettung in klassische wissenschaftliche Standards.

Nur wenn Studierende lernen, KI als *Werkzeug zur Denkförderung* und nicht als *Ersatz für wissenschaftliches Urteilen* zu nutzen, entfaltet sie ihr Potenzial im Sinne verantwortungsvoller Forschung.

Die effektive Nutzung von Künstlicher Intelligenz (KI) in der Themenfindung basiert auf vier zentralen Prinzipien: der Formulierung präziser Fragestellungen, einem iterativen Arbeitsprozess, der kritischen Reflexion der generierten Inhalte sowie der konsequenten Orientierung an etablierten wissenschaftlichen Standards. Erst die bewusste Verbindung dieser Elemente ermöglicht es, die Potenziale KI-gestützter Tools verantwortungsvoll auszuschöpfen.

Studierende sind dabei besonders gefordert, KI nicht als autoritative Instanz zu betrachten, sondern als kognitives Werkzeug im Sinne eines *thinking partner* – also als Impulsgeber, der zur eigenen Urteilsbildung anregt. Die Fähigkeit zur metakognitiven Steuerung dieses Dialogs zwischen Mensch und Maschine ist zentral, um wissenschaftliche Eigenständigkeit zu bewahren und zugleich von den Effizienzvorteilen der KI zu profitieren. In der aktuellen Diskussion zur Human-AI-Collaboration wird genau diese Haltung als zukunftsweisend für eine ethisch reflektierte und produktive Zusammenarbeit beschrieben (Jarrahi, 2018).

Nur wenn KI als Ergänzung – nicht als Ersatz – des wissenschaftlichen Denkens begriffen wird, kann sie im Sinne einer integrativen akademischen Praxis wirksam werden. Dies erfordert nicht nur technisches Knowhow, sondern vor allem ein hohes Maß an epistemischer Verantwortung seitens der Nutzenden.

Tools für Forschungslücken und Themenfokus

Neben der Ideengenerierung gewinnen KI-basierte Tools auch in der gezielten **Identifikation von Forschungslücken und der Eingrenzung des Themas** zunehmend an Bedeutung. Besonders hervorzuheben sind hier spezialisierte Systeme wie **Elicit** und **Consensus,** die auf die Auswertung wissenschaftlicher Literatur fokussiert sind und in der englischsprachigen Forschung zunehmend eingesetzt werden.

Elicit.org ist ein auf wissenschaftliche Fragestellungen zugeschnittenes Recherchetool, das mithilfe maschinellen Lernens Papers analysiert, strukturierte Übersichten generiert und typische Hypothesen, Evidenzstrukturen oder offene Forschungsfragen identifiziert. Die Stärke dieses Systems liegt in seiner Fähigkeit, aus einer Vielzahl von Studien relevante Kernaussagen herauszufiltern und in einer tabellarischen Übersicht darzustellen. Diese Funktion ist insbesondere im Rahmen einer *Scoping Review* oder bei der Formulierung einer konkreten Forschungsfrage hilfreich. Studierende können sich damit schnell einen Überblick über den Stand der Forschung verschaffen und systematisch potenzielle Forschungslücken erschließen – ein methodischer Ansatz, der auch in internationalen Leitlinien zum wissenschaftlichen Arbeiten empfohlen wird (Arksey & O'Malley, 2005).

Consensus.app verfolgt einen verwandten Ansatz, fokussiert sich jedoch stärker auf den **aktuellen Evidenzstand zu spezifischen Forschungsfragen.** Nutzer:innen geben eine präzise Frage ein (z. B. „Does remote work increase productivity in knowledge-based industries?"), woraufhin die KI relevante Abstracts extrahiert, Kernaussagen synthetisiert und eine Art konsensbasierte Kurzantwort generiert. Dies kann insbesondere bei der Entwicklung von Hypothesen oder bei der Eingrenzung von Problemstellungen hilfreich sein – etwa im Rahmen von Exposés, Einleitungen oder Forschungsdesigns. Wie auch bei Elicit liegt die inhaltliche Stärke dieses Tools im Bereich der englischsprachigen wissenschaftlichen Literatur.

Der Einsatz solcher Tools empfiehlt sich insbesondere für **Studierende im Masterstudium,** Promovierende oder Forschende, die in einem **internationalen Kontext arbeiten,** englischsprachige Literatur analysieren oder systematisch Theorielücken aufspüren wollen. Gleichzeitig ist auch hier ein kritischer Umgang erforderlich: Die Vorschläge beruhen auf automatisierten Klassifikationen und können Kontexte verkürzen oder falsch gewichten. Eine Validierung über klassische Datenbanken (z. B. Web of Science, PubMed, JSTOR) und die Rücksprache mit Betreuungspersonen bleibt daher unerlässlich.

In der Zusammenschau bieten Elicit und Consensus jedoch ein hohes Potenzial für die **evidenzbasierte und strukturierte Themenentwicklung,** insbesondere in frühen Phasen des wissenschaftlichen Arbeitens. Sie stärken die Fähigkeit, wissenschaftliche Originalität nicht zufällig, sondern systematisch zu entwickeln – ein Anspruch, der im Rahmen forschungsorientierter Lehre immer mehr an Bedeutung gewinnt (Brew, 2006).

Beispielhafte Anwendung von Elicit:
Eine Studentin plant eine Masterarbeit zum Thema *„Künstliche Intelligenz im schulischen Bildungskontext".* Sie nutzt Elicit mit dem Prompt *„What are the research gaps in AI-supported education in primary schools?".* Das Tool liefert eine Übersicht von Artikeln, identifiziert häufige Forschungsfragen (z. B. zur Wirksamkeit von KI in inklusiven Settings) und zeigt, wo derzeit noch wenig empirische Evidenz vorliegt – etwa zur Frage, wie KI-basierte Lernanalytik den Unterricht differenzieren kann.

Diese Art der Anwendung verdeutlicht, wie *Elicit* bereits in der Themenentwicklungsphase evidenzbasiert arbeiten lässt.

Positionierung im Arbeitsprozess:
Tools wie Elicit und Consensus sind besonders wertvoll in der Phase **nach dem ersten Brainstorming,** aber **vor der endgültigen Themenfestlegung.** Sie sollten genutzt werden, um Ideen aus Tools wie ChatGPT oder Perplexity auf wissenschaftliche Anschlussfähigkeit und Forschungslücken zu prüfen – und dienen somit als **Brücke zwischen kreativer Ideenfindung und systematischer Forschungsvorbereitung.**

Das schafft Klarheit über die Rolle dieser Tools im Gesamtprozess und beugt Fehlanwendungen (z. B. als alleinige Literaturquelle) vor.

Mit einer **konkreten Anwendungsskizze** und der **Verortung im Prozessmodell** wird der Text noch greifbarer und anschlussfähiger für Studium, Lehre und Selbstlernkontexte.

Zusammenfassung
Die Themenfindung stellt eine der zentralen Herausforderungen im wissenschaftlichen Arbeiten dar.

Künstliche Intelligenz kann in dieser Phase als **unterstützendes Werkzeug** einen echten Mehrwert bieten: Sie beschleunigt kreative Denkprozesse, eröffnet neue Perspektiven und hilft dabei, sich in komplexen Themenfeldern schneller zu orientieren. Insbesondere die Fähigkeit von KI-Tools, große Mengen an Informationen semantisch zu strukturieren, erlaubt es, erste Ideen zu generieren, thematische Zusammenhänge zu erkennen und potenzielle Forschungslücken aufzudecken. Gleichzeitig ersetzt KI nicht die wissenschaftliche Urteilskraft, die sorgfältige Recherche und die reflektierte Themenwahl. Die automatisierte Generierung von Themenvorschlägen oder Evidenzzusammenfassungen muss stets begleitet werden durch **kritisches Denken, Plausibilitätsprüfung und methodisches Verantwortungsbewusstsein.**

Nur durch die bewusste Kombination von KI-gestützter Kreativität und klassisch-wissenschaftlichen Standards entsteht eine Themenwahl, die sowohl tragfähig als auch originell ist.

Für Studierende bedeutet dies konkret:

- **Reflexion:** Welche Themen passen zu meinen Interessen, Kompetenzen und Zielen?
- **Validierung:** Welche KI-Vorschläge sind fachlich anschlussfähig und empirisch belegbar?
- **Kritisches Denken:** Welche Konzepte oder Perspektiven fehlen möglicherweise in den KI-Antworten?

Die finale Entscheidung für ein Thema bleibt damit eine **eigenverantwortliche, wissenschaftlich begründete Wahl,** die auf persönlicher Motivation, theoretischer Fundierung und methodischer Umsetzbarkeit beruht.

Merksatz *KI ist der kreative Co-Pilot – du bleibst Pilot:in der Forschung.*

Wenn du 7 oder mehr Punkte mit „Ja" beantworten kannst, ist dein Thema auf einem guten Weg!

Bei weniger als 6 Treffern: Thema überarbeiten, Feedback einholen und KI-Output kritisch überprüfen.

5.2 Gliederung erstellen

Struktur als Fundament wissenschaftlicher Arbeiten

Eine gute wissenschaftliche Arbeit beginnt nicht mit dem Schreiben, sondern mit der Strukturierung. Die **Gliederung** ist das **Skelett** eines Textes – sie bestimmt, wie Inhalte logisch aufeinander aufbauen, wie Argumente entfaltet werden und wie Lesende durch den Text geführt werden. In der universitären Praxis dient die Gliederung nicht nur als Planungshilfe für Schreibende, sondern auch als Orientierungsrahmen für Betreuende, um die Tiefe, Breite und Stringenz eines Vorhabens frühzeitig einschätzen zu können (Eco, 2010).

In der Regel wird eine wissenschaftliche Arbeit in **Einleitung, Hauptteil** (mit Theorie, Methodik, Analyse) und **Fazit** gegliedert. Innerhalb dieses Rahmens müssen Inhalte nicht nur thematisch, sondern auch **argumentativ logisch** sortiert werden – z. B. chronologisch, systematisch, deduktiv oder induktiv.

Die Herausforderung liegt dabei nicht nur in der Auswahl der Inhalte, sondern vor allem in der **inhaltlichen Hierarchisierung und sinnvollen Untergliederung** – also in der Frage: Was gehört wohin?

In dieser Phase kann **Künstliche Intelligenz** eine wichtige Hilfestellung bieten: Sie strukturiert auf Knopfdruck, bietet Varianten zur Auswahl und hilft dabei, erste Ideen in ein formales Raster zu übersetzen. Dennoch bleibt auch hier der Mensch in der Verantwortung: Die Qualität einer Gliederung zeigt sich nicht an ihrer formalen Korrektheit, sondern an ihrer **inhaltlichen Passung zum Thema, zur Literatur und zur eigenen Argumentationslinie.**

Digitale Tools zur Gliederungserstellung

Die Struktur wissenschaftlicher Arbeiten bildet das gedankliche Rückgrat des Textes. In Zeiten wachsender Digitalisierung und KI-gestützter Forschungspraxis gewinnen Tools zur automatisierten Gliederungserstellung zunehmend an Bedeutung. Sie unterstützen Studierende und Forschende bei der systematischen Aufbereitung komplexer Inhalte und helfen dabei, den Schreibprozess effizienter und reflektierter zu gestalten. Tab. 5.4 vergleicht digitale Tools, die zur Erstellung wissenschaftlicher Gliederung eingesetzt werden können.

Inzwischen existiert eine Vielzahl an **KI-gestützten Systemen,** die auf Basis kurzer Themeneingaben oder Zielbeschreibungen **Gliederungsvorschläge erzeugen** können. Diese Tools unterscheiden sich hinsichtlich ihrer Funktionstiefe, sprachlichen Ausrichtung, Fachlogik und Zielgruppe. Besonders hervorzuheben sind derzeit **ChatGPT, Hesse.ai** und – in spezialisierter Form – auch **DeepSeek.ai** sowie **Scite Assistant.**

1. ChatGPT (OpenAI)

Kostenmodell: Kostenlos/Pro-Version (GPT-4)

Stärken: Schnelle Ideengenerierung, variabel einsetzbar, verständliche Sprache

Schwächen: Teils generische oder oberflächliche Strukturvorschläge, fehlende Quellenintegration, keine Kontextprüfung

ChatGPT zählt zu den bekanntesten KI-Modellen zur Text- und Strukturverarbeitung. Besonders in der Pro-Version (GPT-4) bietet das System ein hohes Maß an sprachlicher Präzision und struktureller

Tab. 5.4 Vergleichstabelle: Digitale Tools zur Gliederungserstellung

Tool	Kostenmodell	Sprachen	Stärken	Schwächen	Besonders geeignet für…
ChatGPT	Kostenlos/Pro (GPT-4)	Multilingual (bes. EN, DE)	Flexibel, schnell, viele Varianten; auch kreativ einsetzbar	Teils oberflächlich, keine Quellenangabe, kontextfrei	Erste Ideen, Gliederungsvergleich, kreative Struktursuche
Hesse.ai	Kostenpflichtig	Deutsch	Fachlogik (z. B. Theorie–Empirie), gute Struktur für Haus-/BA/MA-Arbeiten	Eingeschränkte Themenvielfalt, keine Interdisziplinarität	Geistes-, Sozial-, Erziehungswissenschaften (deutschsprachig)
DeepSeek.ai	Kostenlos	Englisch	Klar strukturiert, forschungsorientiert (z. B. IMRAD), stark in STEM	Kein Deutsch, nicht für kreative Themen geeignet	Naturwissenschaftliche und technische Themen (z. B. Informatik)
Scite Assistant	Freemium/Abo	Englisch	Evidenzbasiert, direkt mit Studien verknüpft	Nur englisch, begrenzter kreativer Spielraum	Literaturgeleitete Arbeiten, systematische Reviews
DeepL Write	Kostenlos	Multilingual (EN, DE etc.)	Stilistische Optimierung von Überschriften und Textübergängen	Kein Inhaltsverständnis, keine echte Gliederung	Sprachlicher Feinschliff, leserfreundliche Formulierungen

Klarheit. Über geeignete Prompts kann ChatGPT sowohl **komplexe Gliederungen mit drei Ebenen** generieren als auch **alternativ strukturierte Varianten** (z. B. systematisch vs. chronologisch) vorschlagen.

Beispiel-Prompt:

„Erstelle eine Gliederung mit maximal drei Ebenen für eine Hausarbeit über ‚Soziale Ungleichheit im Bildungssystem‘."

Die Vorschläge von ChatGPT sind besonders dann hilfreich, wenn Studierende noch keine klare Strukturidee haben oder alternative Gliederungsmodelle vergleichen möchten.

Es empfiehlt sich, mit **iterativen Prompts** zu arbeiten, z. B. durch Nachfragen nach Teilaspekten, oder das Modell auf spezifische Gliederungstypen (z. B. empirische vs. theoretische Arbeiten) hinzuweisen (Brown et al. 2020; OpenAI, 2023).

2. Hesse.ai

Kostenmodell: Kostenpflichtig, mit Testzugang

Stärken: Fachlich fundierte Strukturvorschläge, deutschsprachige Konventionen, interaktive Vorschlagsanpassung

Schwächen: Begrenzte thematische Bandbreite, eingeschränkte Anpassungsfähigkeit bei interdisziplinären Themen

Hesse.ai ist ein speziell für deutschsprachige wissenschaftliche Arbeiten entwickeltes KI-System.

Es wurde von einem deutschen EdTech-Unternehmen entwickelt und greift auf ein Regelwerk wissenschaftlicher Konventionen zurück, das sich insbesondere an geistes- und sozialwissenschaftlichen Strukturen orientiert.

Neben der Gliederung schlägt Hesse.ai auch passende **Fragestellungen, Zielsetzungen und methodische Ansätze** vor – ein Alleinstellungsmerkmal im Vergleich zu generischen KI-Tools. Besonders hilfreich ist die klare Trennung zwischen Theorie, Methodik und Empirie sowie die Einbettung in gängige Hochschulkonventionen.

Die Anwendung empfiehlt sich vor allem in BA- und MA-Arbeiten, bei denen eine **präzise, nachvollziehbare Struktur mit gutem wissenschaftlichem Duktus** gefragt ist (Hesse.ai, 2023)

3. DeepSeek.ai (Fokus auf technische Disziplinen)

Kostenmodell: Kostenlos

Stärken: Wissenschafts- und technikorientiert, klar strukturierte Gliederungsvorschläge, stark in MINT-Fächern

Schwächen: Nur englischsprachig, wenig geeignet für geisteswissenschaftliche Themen

DeepSeek.ai ist ein auf Forschung spezialisierter KI-Textgenerator, der insbesondere im naturwissenschaftlich-technischen Bereich Anwendung findet. Die generierten Gliederungen zeichnen sich durch **Präzision in logischen Abfolgen** aus und orientieren sich häufig an klassischen Forschungsberichten (z. B. IMRAD-Struktur: Introduction, Methods, Results, Discussion).

Beispielhaft ist die klare Fokussierung auf **Hypothesenbildung, Versuchsdesign** und **Datenauswertung,** wodurch DeepSeek für naturwissenschaftlich-experimentelle Arbeiten eine geeignete Ergänzung zu ChatGPT darstellt (Bubeck et al., 2023).

4. Scite Assistant (wissenschaftliche Evidenzintegration)

Kostenmodell: Freemium/Abo-Modell

Stärken: Nutzung von zitierfähigen Studien, Integration wissenschaftlicher Quellen in die Gliederung

Schwächen: Englischsprachig, eingeschränkt für kreative oder interdisziplinäre Fragestellungen.

Scite Assistant ermöglicht es, **wissenschaftlich fundierte Gliederungen** auf Basis verifizierter Quellen zu erstellen. Die KI greift auf Millionen Paper zurück und schlägt Gliederungspunkte vor, die direkt mit Studien oder Theorien verknüpft sind. Dies eignet sich besonders gut für fortgeschrittene Arbeiten, bei denen eine **direkte Verbindung zwischen Struktur und Literatur** erwünscht ist – z. B. bei systematischen Literaturarbeiten.

Scite kann auch Hinweise geben, **wie kontrovers ein Thema in der Forschung diskutiert wird,** und so dabei helfen, einen thematischen Fokus für die Kapitelgliederung zu finden (scite.ai, 2024).

5. DeepL Write (Sprachstil und Übergänge)
Kostenmodell: Kostenlos
Stärken: Sprachliche Überarbeitung, Stilglättung, Übergangssätze
Schwächen: Kein echtes Strukturverständnis, kein inhaltlicher Aufbau
Zwar erstellt DeepL Write keine Gliederungen im engeren Sinne, doch spielt es eine **entscheidende Rolle bei der sprachlichen Optimierung von Gliederungstexten,** etwa bei Zwischenüberschriften oder Übergängen zwischen Gliederungspunkten. Die klare, stilistisch kohärente Formulierung einzelner Gliederungselemente ist entscheidend für Leseführung und Argumentationslogik – insbesondere in Exposés oder Abstracts.

DeepL Write eignet sich daher hervorragend als **letzter Bearbeitungsschritt,** um aus einem KI-generierten Rohgerüst eine sprachlich stimmige Gliederung zu formen.

Toolwahl mit Blick auf Textsorte, Fach und Zielgruppe
Die Wahl des geeigneten Tools zur Gliederungserstellung hängt wesentlich von drei Faktoren ab:

1. **Textsorte:** Hausarbeit, Forschungsbericht, systematische Review?
2. **Fachkontext:** Sozial-, Natur-, Geistes- oder Technikwissenschaft?
3. **Sprachraum und Zielgruppe:** Deutsch oder Englisch, Studierende oder Forschende?

Während ChatGPT universell einsetzbar ist, eignet sich Hesse.ai besonders für deutschsprachige Arbeiten mit methodischer Klarheit. DeepSeek.ai überzeugt in MINT-Fächern, Scite Assistant liefert evidenzbasierte Strukturvorschläge, und DeepL Write hilft, stilistisch saubere Textelemente zu erstellen. Letztlich bleibt jede KI-gestützte Gliederung ein **Angebot zur Reflexion – kein Ersatz für wissenschaftliches Denken.**

Empfehlung Nutze mindestens zwei Tools im Vergleich – und validiere die Ergebnisse mithilfe von Fachliteratur oder deiner Betreuung.

Toolauswahl zur Gliederungserstellung – Schritt-für-Schritt-Empfehlung

1. **Was ist deine Textsorte?**

   - Hausarbeit/BA/MA-Arbeit → Nutze ChatGPT oder Hesse.ai
   - Forschungsbericht/Review/Exposé (englisch) → Nutze DeepSeek.ai oder Scite Assistant

2. **In welchem Fach schreibst du?**

   - Geistes- und Sozialwissenschaften (DE) → Hesse.ai, ggf. ChatGPT
   - Technik/Naturwissenschaft (EN) → DeepSeek.ai, ggf. Scite
   - Interdisziplinär/kreativ/explorativ → ChatGPT (mit iterativen Prompts)

3. **Welche Sprache nutzt du?**

   - Deutsch → Hesse.ai, ChatGPT (DE), DeepL Write
   - Englisch → DeepSeek.ai, Scite Assistant, ChatGPT (EN)

4. **Brauchst du Quellenintegration oder stilistische Hilfe?**

   - Für Quellenbezug → Scite Assistant
   - Für Stil/Sprache/Übergänge → DeepL Write

5. **Hast du bereits Literatur recherchiert?**

   - Wenn **ja** → Verwende KI zur Gliederung **auf Basis deiner Literatur**
   - Wenn **nein** → Lass KI **erste Strukturentwürfe liefern,** aber prüfe sie kritisch

Anpassung an Fachliteratur und wissenschaftliche Standards
Unabhängig davon, ob eine Gliederung vollständig selbst entwickelt oder mit Unterstützung eines KI-Tools erstellt wurde: Ihre wissenschaftliche Qualität bemisst sich in erster Linie an ihrer **fachlichen Passung und methodischen Stringenz.** Eine überzeugende Gliederung ist mehr als eine formale Struktur – sie muss den **logischen Anforderungen des jeweiligen Fachgebiets** entsprechen und sich in die etablierten Denk- und Argumentationsmuster einfügen.

Ein zentrales Kriterium ist die **Berücksichtigung fachlicher Konventionen.** In nahezu allen Disziplinen gilt etwa die Grundregel, dass empirische Analysen **nicht vor** der theoretischen Fundierung erfolgen sollten. Ebenso ist es in vielen Sozial- und Wirtschaftswissenschaften üblich, zunächst den theoretischen Bezugsrahmen, dann die methodische Vorgehensweise und schließlich die Analyse der Ergebnisse zu präsentieren. In den Naturwissenschaften dominiert hingegen häufig die sogenannte **IMRAD-Struktur** (*Introduction – Methods – Results – Discussion*), während geisteswissenschaftliche Arbeiten beispielsweise dem **hermeneutischen Zirkel** folgen können – also einer iterativen Bewegung zwischen Textinterpretation, Theoriebezug und Kontextualisierung (Kruse, 2010).

Darüber hinaus sollten Gliederungen an **typische Strukturmuster** der jeweiligen Disziplin angelehnt sein. In den Erziehungswissenschaften ist etwa die Einbettung in ein bildungstheoretisches oder didaktisches Modell weit verbreitet, während in der Informatik häufig eine klare Trennung zwischen technischer Spezifikation, Implementierung und Evaluation erfolgt (Knuth, 1997). Eine unreflektierte Übernahme allgemeiner Gliederungsvorschläge – etwa durch KI – kann hier zu **fachlichen Brüchen oder Inkongruenzen** führen, die die Qualität der Arbeit erheblich beeinträchtigen.

Besondere Aufmerksamkeit verdient auch die **Integration gängiger Konzepte, Begriffspaare und Theoriestränge,** wie sie in der Einführungsliteratur und den Grundlagenwerken des jeweiligen Fachs vermittelt werden.

Eine KI mag in der Lage sein, logische Kapitelüberschriften zu generieren – ob diese jedoch *wissenschaftlich anschlussfähig* sind, also mit der Fachterminologie, der Forschungstradition und dem Erkenntnisinteresse der Disziplin harmonieren, muss von der schreibenden Person selbst geprüft werden.

Die Anschlussfähigkeit an bestehende Theorien und die Einbettung in den Stand der Forschung sind zentrale Kriterien für die wissenschaftliche Akzeptanz eines Textes.

Tipp für die Praxis Es empfiehlt sich, **Lehrbücher, Seminarunterlagen, Vorlesungsskripte sowie bereits bewertete Abschlussarbeiten** aus dem eigenen Studiengang zu konsultieren, um typische Gliederungspraxen zu erkennen. Besonders hilfreich ist es, mehrere Arbeiten mit ähnlichem Thema oder methodischem Zugang zu vergleichen, um ein Gefühl für die „implizite Logik" des jeweiligen Fachs zu entwickeln.

Künstliche Intelligenz kann in diesem Prozess durchaus **strukturelle Anregungen liefern** – z. B. durch Vorschläge zu Gliederungsebenen oder Varianten der Reihenfolge. Ihre Leistung ersetzt jedoch nicht das **fachlich reflektierte Strukturieren**, das auf der Kenntnis der Disziplin, der Zielsetzung der Arbeit und der erwarteten Argumentationsführung basiert. Wissenschaftliches Arbeiten ist im Kern ein **strukturierendes Denken,** das Inhalte nicht nur sammelt, sondern ordnet, gewichtet und in einen Zusammenhang bringt.

Beispielhafte Vorgehensweise: Schritt-für-Schritt

Die Erstellung einer tragfähigen Gliederung erfordert methodisches Denken, iterative Strukturierung und fachliche Rückkopplung. Der folgende exemplarische Arbeitsprozess demonstriert, wie Studierende mithilfe von KI-gestützten Tools, Literaturrecherche und eigener Reflexion eine fundierte Gliederung entwickeln können. Jeder Schritt baut logisch auf dem vorherigen auf und lässt sich an nahezu jedes Fachgebiet anpassen.

Schritt 1: Thema konkretisieren

Der erste Schritt besteht darin, ein **klar abgegrenztes, bearbeitbares Thema** zu formulieren. Je präziser das Thema, desto treffsicherer kann eine Gliederung erstellt und die spätere Forschungsfrage entwickelt werden (Kruse, 2010).

Beispielthema

„Digitale Ungleichheit unter Jugendlichen in Deutschland"
Ein solches Thema enthält bereits zentrale Elemente: Zielgruppe (Jugendliche), Raumbezug (Deutschland) und den Kernbegriff (digitale Ungleichheit). Um das Thema weiter zu fokussieren, empfiehlt sich der Rückgriff auf erste Fachquellen oder explorative KI-Prompts, z. B.:
„Welche Aspekte umfasst digitale Ungleichheit bei Jugendlichen in Deutschland?"

Schritt 2: Ziel der Arbeit formulieren

Die Zielformulierung konkretisiert das Erkenntnisinteresse der Arbeit. Sie dient als **Richtschnur für die Gliederung,** da sie vorgibt, welche Aspekte thematisch vertieft werden sollten.

Beispielziel

„Untersuchung der Ursachen und Auswirkungen digitaler Bildungsungleichheit auf Jugendliche im Sekundarbereich in Deutschland sowie möglicher bildungspolitischer Maßnahmen zur Reduktion dieser Disparitäten."

Eine solche Zielformulierung ermöglicht es, die Gliederung **logisch-semantisch** zu strukturieren: z. B. zunächst Ursachen, dann Auswirkungen, schließlich Maßnahmen.

Schritt 3: Erste Gliederungsideen mit KI generieren

Ein KI-Tool wie **ChatGPT, DeepSeek.ai** oder **Hesse.ai** kann als Ideengeber dienen. Ziel ist hier **nicht die fertige Gliederung,** sondern ein **Entwurf,** der Denkanstöße liefert.

Beispielprompt (ChatGPT):

„Erstelle eine wissenschaftliche Gliederung (max. 3 Ebenen) für eine Hausarbeit zum Thema: Digitale Ungleichheit unter Jugendlichen in Deutschland. Berücksichtige Theorie, Ursachen, Auswirkungen und mögliche Maßnahmen."

Die Antwort liefert zumeist eine 5–7-teilige Struktur mit typischen Kapiteln wie Einleitung, Theorierahmen, Empirische Analyse, Diskussion, Fazit. Diese Vorschläge sollten als **diskursive Grundlage** dienen – nicht als endgültiges Gerüst.

(Brown et al., 2020)

Schritt 4: Fachliteratur konsultieren

Nun gilt es, die KI-Vorschläge mit der **fachlichen Realität abzugleichen.** Dies erfolgt durch gezielte Literaturrecherche:

- **Einführungswerke** (z. B. zu Bildung, Digitalisierung, Jugendsoziologie)
- **Aktuelle Studien** aus Datenbanken wie BASE, FIS Bildung, Google Scholar
- **Theoriestränge** (z. B. Bourdieus Kapitaltheorie, Medienkompetenzmodelle)

Vergleichsfragen:

- Deckt die Gliederung zentrale Diskurse im Fach ab?
- Ist ein notwendiger theoretischer Bezugsrahmen enthalten?
- Wurden aktuelle empirische Befunde berücksichtigt?

Schritt 5: Gliederung überarbeiten und priorisieren

Die nun gewonnenen Informationen dienen dazu, die Gliederung gezielt zu überarbeiten. Wichtige Schritte dabei:

- **Unklare Punkte präzisieren:** Statt „Theorie" besser „Theoretischer Bezugsrahmen: Medienzugang und Bildungsgerechtigkeit"
- **Reihenfolge prüfen:** Ursachen sollten vor Wirkungen behandelt werden
- **Redundanzen vermeiden:** Ähnliche Punkte zusammenfassen oder streichen

> **Tipp**
>
> Gliederungspunkte als logische Fragen formulieren („Welche Ursachen...?", „Welche Folgen...?", „Welche Lösungsansätze...?")

Schritt 6: Rücksprache mit Betreuenden

Ein häufig unterschätzter, aber zentraler Schritt ist die **frühzeitige Rückkopplung mit der Betreuungsperson.** Die Gliederung dient hier als Kommunikationsinstrument zur Diskussion von:

- Thematischer Eingrenzung
- Argumentativer Stringenz
- Erwartungskonformität (z. B. Prüfungsordnung, Betreuungserwartung)

Studien zeigen, dass Arbeiten mit **klar abgestimmten Gliederungskonzepten** eine deutlich höhere Wahrscheinlichkeit für erfolgreiche Bewertung und Zufriedenheit aufweisen (Eco, 2010).

Schritt 7: Feinschliff
Die letzte Phase umfasst die **formale und sprachliche Optimierung.**
Dazu zählen:

* **Ziffernsysteme und Einheitlichkeit:** z. B. 1.1–1.2 – 2.1 etc.
* **Kohärente Sprache:** alle Gliederungspunkte auf derselben sprachlichen Ebene (z. B. alle als Aussagen, keine Mischform aus Fragen und Titeln)
* **Gedankliche Übergänge planen:** Notieren, wie Kapitel logisch ineinandergreifen

Hilfreich ist hier der Einsatz von **DeepL Write** zur sprachlichen Feingliederung oder die Arbeit mit Gliederungskarten (digital oder analog), um Abfolge und Gewichtung noch einmal visuell zu prüfen.

Gliederung ist ein Lernprozess
Die Erstellung einer Gliederung ist kein mechanischer Schritt, sondern ein **zirkulärer Lern- und Denkprozess,** bei dem zwischen Ideenentwicklung, Recherche und Strukturierung permanent gewechselt wird. Der reflektierte Einsatz von KI-Tools kann diesen Prozess wirksam unterstützen – ersetzt jedoch **nicht** das kritische Denken, die Rückkopplung an Fachstandards und die finale Eigenverantwortung der Studierenden (Knuth, 1997; Kruse, 2010).

Tipps zur Optimierung KI-generierter Gliederungen
Künstliche Intelligenz kann die Entwicklung wissenschaftlicher Gliederungen deutlich erleichtern – insbesondere in frühen Phasen der Themenfindung und Strukturierung.

Dennoch entstehen bei der automatisierten Generierung regelmäßig **inhaltliche, formale und fachliche Probleme,** die von Studierenden erkannt und korrigiert werden müssen. Die nachfolgende Übersicht zeigt typische Schwächen KI-generierter Gliederungen und gibt konkrete Hinweise zu ihrer Optimierung. Tab. 5.5 zeigt typische Probleme im Gliederungsprozess sowie passende Lösungsansätze.

Tab. 5.5 Gliederung ist ein Lernprozess

Problem	Lösungsansatz
Gliederung ist zu allgemein	Prompt präzisieren (z. B. Zielgruppe, Theoriebezug, Umfang angeben)
Reihenfolge ist unlogisch	Abschnitte manuell sortieren, mit Fachliteratur abgleichen
Redundante Punkte	Ähnliche Themen zusammenfassen oder streichen
Wichtige Aspekte fehlen	Durch Fachtexte oder Rücksprache mit Betreuenden ergänzen
Sprache ist uneinheitlich oder unklar	Begriffe vereinheitlichen, Fachterminologie anpassen
KI nutzt nicht-fachtypische Strukturmuster	Vergleich mit Mustergliederungen aus Fachliteratur oder Hochschulrichtlinien

Ein häufiges Problem besteht in der **generischen oder oberflächlichen Struktur,** die viele KI-Tools zunächst vorschlagen. Diese lässt sich oft durch gezielteres Prompting vermeiden – etwa durch die Angabe der Disziplin, Zielgruppe oder zentralen Theorierahmen. So wird aus einer allgemeinen Anfrage wie *„Erstelle eine Gliederung zu Nachhaltigkeit"* eine differenziertere und produktivere Arbeitsgrundlage:

„Erstelle eine Gliederung (max. 3 Ebenen) für eine Hausarbeit im Fach Umweltsoziologie zum Thema 'Nachhaltigkeit im urbanen Raum'. Berücksichtige sozialstrukturelle Faktoren und relevante Theorien der Stadtentwicklung. "

Ebenso entscheidend ist die **Reihenfolge der Gliederungspunkte,** die häufig nicht der argumentativen Logik des Fachs entspricht. Besonders bei theoretisch-empirischen Arbeiten sollte die klassische Abfolge – *Einleitung → Theorie → Methodik → Ergebnisse → Diskussion → Fazit* – als Grundstruktur dienen, an der sich individuelle Themenfelder sinnvoll anordnen lassen (Kruse, 2010).

Ein weiteres typisches Problem ist die **Redundanz einzelner Gliederungspunkte.** Oft schlägt die KI nahe verwandte Aspekte mehrfach vor (z. B. „digitale Barrieren" und „digitale Hürden"). Hier ist ein bewusster Abgleich mit der Literatur notwendig, um zu entscheiden, welche Begriffe zusammengefasst oder differenziert behandelt werden sollten. Eine fundierte Begriffsklärung ist dabei essenziell – auch um spätere Unklarheiten im Text zu vermeiden (Eco, 2010).

Auch **sprachliche Uneinheitlichkeit** tritt häufig auf: So mischen KI-generierte Gliederungen verschiedene sprachliche Modi (z. B. Aussagen wie „Theoretischer Hintergrund" und Fragen wie „Was ist digitale Ungleichheit?"). Eine saubere Gliederung erfordert jedoch **sprachliche Konsistenz** – entweder in deklarativer oder interrogativer Form.

Zur sprachlichen Glättung empfiehlt sich der Einsatz von Tools wie **DeepL Write,** um Überschriften präzise und stilistisch einheitlich zu gestalten.

Schließlich bleibt zu beachten, dass KI-Systeme **nicht automatisch disziplinspezifische Strukturmuster** anwenden. Eine Gliederung, die im betriebswirtschaftlichen Kontext sinnvoll erscheint, kann in der Soziologie methodisch unangemessen sein. Der Abgleich mit Mustergliederungen aus der Fachliteratur – etwa aus bewerteten Abschlussarbeiten oder Dissertationsdatenbanken – ist daher unerlässlich.

Merksatz *Eine KI kann vorschlagen – du musst entscheiden, was zur Argumentation passt.* Tab. 5.6 fasst zentrale Tipps zur Optimierung KI-generierter Gliederungen zusammen.

Tab. 5.6 Tipps zur Optimierung KI-generierter Gliederungen

Problem	Lösung
Gliederung ist zu allgemein	Prompt präzisieren (z. B. Zielgruppe, Theoriebezug, Umfang angeben)
Reihenfolge ist unlogisch	Abschnitte manuell sortieren, mit Fachliteratur abgleichen
Redundante Punkte	Ähnliche Themen zusammenfassen oder streichen
Wichtige Aspekte fehlen	Fehlende Inhalte durch Fachliteratur oder Rücksprache mit Betreuenden ergänzen
Sprache ist uneinheitlich oder unklar	Begriffe vereinheitlichen, Fachterminologie prüfen
Nicht-fachtypische Strukturmuster	Vergleich mit Mustergliederungen der Hochschule oder Fachliteratur durchführen

5.3   Literaturrecherche – Klassisch oder KI-gestützt? Ein Überblick

Die Literaturrecherche ist ein zentrales Fundament wissenschaftlicher Arbeiten. Sie dient nicht nur dem Zweck, bestehendes Wissen zusammenzutragen, sondern auch der Positionierung der eigenen Fragestellung innerhalb eines akademischen Diskurses. Wer eine fundierte Arbeit schreiben möchte, muss wissen, welche Debatten bereits geführt wurden, welche Methoden etabliert sind und wo sich noch Forschungslücken auftun. Dabei stehen Studierenden heute zwei grundlegende Herangehensweisen zur Verfügung: die klassische Recherche über wissenschaftliche Datenbanken und Suchmaschinen – und die zunehmend populärere, KI-gestützte Recherche über Tools wie Elicit, Perplexity oder ChatGPT.

Die klassische Literaturrecherche folgt klaren Prinzipien: Sie ist systematisch, transparent und quellengesichert. Als bewährte Tools gelten insbesondere Google Scholar, BASE und fachspezifische Datenbanken wie FIS Bildung oder PsycINFO.

Google Scholar ermöglicht einen schnellen Zugang zu wissenschaftlichen Arbeiten und zeigt dabei auch Zitationszahlen an, die als Indikator für die Relevanz eines Textes dienen können. Die Suchfunktion ist intuitiv, allerdings fehlt eine klare Trennung zwischen Peer-Reviewed-Quellen und grauer Literatur. BASE (Bielefeld Academic Search Engine) bietet hier mehr Kontrolle. Die Suchmaschine greift ausschließlich auf qualitätsgesicherte Open-Access-Quellen zu und erlaubt eine differenzierte Filterung nach Dokumenttyp, Sprache oder Jahr. Besonders für Studierende ohne Zugang zu kostenpflichtigen Verlagen ist BASE ein wertvolles Instrument.

Neben diesen Tools ist die Arbeit mit klassischen Thesauri, Schlagwortsystemen und Zitierketten weiterhin sinnvoll. Wer etwa über das Literaturverzeichnis eines relevanten Artikels weitere Quellen erschließt, arbeitet mit einer klassischen Schneeballtechnik – eine Vorgehensweise, die besonders in den Geistes- und Sozialwissenschaften gängig ist.

Im Gegensatz dazu versprechen KI-gestützte Tools schnellere Orientierung, breitere Kontextualisierung und neue Zugänge zu komplexen Themenfeldern. So bietet das Tool Elicit.org die Möglichkeit, auf Basis von Fragen strukturierte Literaturübersichten zu erzeugen. Die KI analysiert Abstracts, gruppiert häufige Hypothesen und identifiziert Forschungslücken (Kummerfeld, 2022). Consensus.app geht einen anderen Weg: Es extrahiert Aussagen aus wissenschaftlichen Studien und gibt eine Art konsensbasierte Kurzantwort, etwa zur Frage „Does remote work increase productivity?" – samt Quellenangabe. Damit eignet sich Consensus besonders für evidenzbasierte Recherchen bei kontrovers diskutierten Themen.

Auch Perplexity.ai kombiniert generative KI mit Suchmaschinentechnologie. Die Antworten enthalten Quellenverweise, sodass Nutzer:innen die Informationen sofort überprüfen können. Dennoch gilt: Die Auswahl der Quellen erfolgt nicht immer nach akademischen Standards, sodass eine manuelle Prüfung unumgänglich ist (Bubeck et al., 2023).

Die Potenziale KI-gestützter Recherche liegen auf der Hand: Die Systeme liefern in wenigen Sekunden Zusammenfassungen, stellen Querverbindungen her und regen zu interdisziplinärem Denken an. Studierende können auf niedrigschwellige Weise komplexe Forschungsfelder betreten und erste Orientierung gewinnen – etwa durch die Frage: „Welche offenen Forschungsfragen gibt es zu KI im Bildungswesen?" Die Herausforderung besteht jedoch darin, diese Vorschläge kritisch zu prüfen. Denn viele Systeme erzeugen sogenannte Halluzinationen: plausible, aber faktisch falsche Inhalte, erfundene Studien oder unklare Quellenangaben.

KI kann die klassische Recherche ergänzen, aber nicht ersetzen. Besonders bei der Auswahl von Literatur, die direkt zitiert werden soll, sind Peer-Review, Zitierfähigkeit und akademische Anschlussfähigkeit unverzichtbar.

Studierende sollten sich daher eine Hybridstrategie aneignen: Zunächst können KI-Tools zur thematischen Exploration und zur Generierung erster Literaturhinweise dienen – anschließend muss eine manuelle Überprüfung über klassische Datenbanken erfolgen. Hilfreich ist es, diesen Prozess transparent zu dokumentieren, etwa in Form eines „Rechercheprotokolls", das sowohl KI-Prompts als auch konkrete Quellenabfragen und Filtereinstellungen klassischer Tools enthält.

Didaktisch betrachtet ergibt sich aus dieser Entwicklung ein neuer Lernauftrag: Studierende müssen nicht nur den Umgang mit Datenbanken beherrschen, sondern auch lernen, KI-Ergebnisse kritisch zu hinterfragen.

Wer etwa Perplexity nutzt, sollte die dort angegebenen Studien in Google Scholar oder BASE gegenprüfen. Wer mit Elicit arbeitet, muss verstehen, dass die aggregierten Hypothesen kein Ersatz für echte Theorien sind – sondern ein erster Überblick über Diskurse, die noch im Detail erschlossen werden müssen.

KI liefert Geschwindigkeit und Breite – klassische Recherche liefert Tiefe und Sicherheit. Nur im Zusammenspiel beider Methoden gelingt eine verantwortungsvolle, fundierte Literaturarbeit.

Exkurs: Typische Fehlerquellen bei der KI-gestützten Literaturrecherche
Der Einsatz von KI-Tools wie ChatGPT, Perplexity oder Consensus zur Literaturrecherche birgt trotz ihrer Effizienz und Breite auch ernstzunehmende Fallstricke. Diese sollten frühzeitig erkannt und systematisch reflektiert werden, um die Qualität wissenschaftlicher Arbeiten nicht zu gefährden.

Halluzinierte Quellen Viele KI-Systeme erzeugen Texte auf Basis statistischer Wahrscheinlichkeiten – nicht durch echte Suchvorgänge in wissenschaftlichen Datenbanken. Dadurch entstehen häufig *erfundene Zitate*, die zwar plausibel klingen (inklusive Autor:innen, Jahr und Titel), aber in der Realität nicht existieren. Besonders bei ChatGPT kommt dies häufig vor. Eine manuelle Überprüfung in Google Scholar oder BASE ist daher obligatorisch.

Vermischung von Literaturtypen KI unterscheidet oft nicht zwischen *wissenschaftlicher Primärliteratur, populärwissenschaftlichen Artikeln* und *grauer Literatur* (z. B. Blogbeiträge, Whitepapers, nicht-peer-reviewte Preprints). Es besteht dadurch die Gefahr, unseriöse Quellen ungeprüft zu übernehmen.

Fehlende DOIs oder Editionsangaben Auch wenn KI eine Quelle korrekt benennt, fehlen häufig relevante bibliographische Details – insbesondere der DOI (Digital Object Identifier), die Edition bei Büchern oder der genaue Verlag. Für prüfbare und zitierfähige Angaben ist der Abgleich mit Originaldatenbanken Pflicht.

Fehlinterpretationen von Studieninhalten KI fasst Inhalte oft stark verkürzt zusammen. Differenzierte Aussagen (z. B. „unter bestimmten Bedingungen", „in kleiner Stichprobe") gehen verloren, wodurch die wissenschaftliche Aussagekraft verzerrt werden kann. Hier hilft nur: selbst lesen, selbst bewerten.

Recherche-Workflow mit KI – Schritt-für-Schritt zur sicheren Literaturnutzung

Tab. 5.7 gibt einen Überblick über klassische und KI-gestützte Tools der Literaturrecherche. Damit KI-gestützte Recherche einen echten Mehrwert bietet, sollte sie **nicht isoliert,** sondern als Teil eines bewusst strukturierten Rechercheprozesses verstanden werden. Der folgende Workflow hat sich in der hochschuldidaktischen Praxis bewährt:

1. Exploration (KI-gestützt):

Zunächst wird die Fragestellung mithilfe von ChatGPT, Perplexity oder Elicit exploriert. Ziel ist die Sammlung erster Schlagwörter, thematischer Cluster und Forschungslücken.

2. Erste Rückfragen und Fokussierung (iterativ):

Auf Basis der KI-Antworten werden gezielte Folgefragen gestellt: „Welche Quellen belegt die Aussage?" – „Gibt es Kontroversen in der Forschung?" – „Welche Begriffe sind in der Fachdebatte zentral?"

3. Verifikation (klassisch):

Die genannten Quellen, Studien oder Theorien werden systematisch in Google Scholar, BASE oder Fachdatenbanken überprüft. Nur Literatur mit überprüfbaren DOIs, Peer-Review oder Verlagsangaben wird weiterverwendet.

Tab. 5.7 Überblick verschiedener Tools

Tool	Typ	Transparenz	Schnelligkeit	Tiefe	Für Einsteiger:innen geeignet?	Besonderheiten
Google Scholar	Klassisch	Mittel	Hoch	Hoch	Ja	Zitationszahlen sichtbar, wenig Filter
BASE	Klassisch	Hoch	Mittel	Hoch	Ja	Nur qualitätsgeprüfte Open-Access-Quellen
FIS Bildung	Klassisch	Hoch	Niedrig	Sehr hoch	Eher nein	Ideal für bildungswissenschaftliche Arbeiten
ChatGPT	Generative KI	Gering	Sehr hoch	Niedrig–mittel	Ja	Gute Exploration, aber Quellen unsicher
Perplexity.ai	Generative KI	Mittel	Sehr hoch	Mittel	Ja	Kombiniert KI mit Webrecherche inkl. Quellen
Elicit.org	Wissenschafts-KI	Hoch (bedingt)	Hoch	Hoch	Eher ja	Besonders für Scoping Reviews nützlich
Consensus.app	Wissenschafts-KI	Hoch	Hoch	Mittel	Ja	Antwortet auf Forschungsfragen mit Studienkonsens

4. Vertiefung (systematisch):
Nun beginnt die eigentliche Literaturrecherche mit kontrollierten Schlagwortsuchen, Zitierketten, Thesauri und ggf. bibliographischer Software wie Zotero oder Citavi. Der Fokus liegt auf Tiefe, Genauigkeit und Nachvollziehbarkeit.

5. Dokumentation:
Alle Recherchewege – sowohl KI-Prompts als auch manuelle Suchstrategien – werden dokumentiert: etwa in einem Rechercheprotokoll, in dem z. B. Quellen, Filter, Fragen und Entscheidungen nachvollziehbar sind.

6. Reflexion:
Am Ende steht die bewusste Auswahl relevanter Literatur. Die Frage lautet nun: Welche Quelle ist belastbar, relevant, zitierbar – und wo muss ich selbst kritisch eingreifen?

Hinweis zur Nutzung:
Für die erste Orientierung und Themenstrukturierung sind ChatGPT und Perplexity hilfreich – zur vertieften Recherche und Zitierung sind BASE, Google Scholar oder auch Elicit zu bevorzugen.

5.4   Literatur verstehen – mit und ohne KI

Für viele Studierende stellt die Lektüre wissenschaftlicher Originalartikel eine der größten Herausforderungen im Forschungsprozess dar. Komplexe Satzstrukturen, fachspezifische Terminologie, statistische Methoden und dicht formulierte Theorieteile erschweren das Verständnis – insbesondere in internationalen Journals oder bei disziplinübergreifenden Themen.

Gleichzeitig sind diese Artikel unverzichtbare Grundlage jeder fundierten wissenschaftlichen Arbeit. Sie enthalten originäre Forschungsergebnisse, theoretische Innovationen und methodische Detailtiefe, die in populärwissenschaftlichen Sekundärtexten oft nicht vollständig oder korrekt wiedergegeben werden.

Mit dem Aufkommen KI-gestützter Tools eröffnen sich neue Möglichkeiten, solche Texte schrittweise zu erschließen, Begrifflichkeiten zu klären und Zusammenhänge in verständlicher Sprache darzustellen. Tools wie Explainpaper, ChatGPT, DeepSeek, Perplexity oder Google Gemini können Passagen erklären, vereinfachen oder mit Beispielen anreichern. Dennoch gilt auch hier: Die Originalquelle bleibt unersetzlich – denn KI liefert immer nur eine Interpretation, keine verlässliche Reproduktion.

Explainpaper – Fachartikel verständlich gemacht
Eines der bekanntesten Tools zur Erklärung wissenschaftlicher Artikel ist Explainpaper, ein webbasiertes KI-System, das auf Large Language Models basiert. Nutzer:innen laden ein PDF hoch, markieren eine schwer verständliche Textstelle (z. B. einen Methodenteil oder eine theoretische Passage), und erhalten daraufhin eine vereinfachte Erklärung in Alltagssprache. Das Besondere: Die Erklärung orientiert sich unmittelbar am Originaltext und gibt in der Regel keine inhaltlichen Ergänzungen oder Fremdinterpretationen hinzu.

Die Stärken von Explainpaper liegen in der Niedrigschwelligkeit und der Fokussierung auf einzelne Textpassagen. Das Tool eignet sich insbesondere für englischsprachige Artikel aus den Natur-, Technik- oder Sozialwissenschaften. In der kostenlosen Version können jedoch nur Artikel aus öffentlich zugänglichen Quellen hochgeladen werden. Die kostenpflichtige Version (Explainpaper Pro) erlaubt die Analyse umfangreicher Dokumente, PDF-Anmerkungen und längerer Erklärungen – ist aber bislang nur auf Englisch verfügbar.

Die wissenschaftliche Bewertung des Tools fällt gemischt aus: Während erste Studien zeigen, dass Explainpaper insbesondere bei der Erklärung methodischer Passagen hilfreich ist (Bubeck et al., 2023), fehlen noch systematische Untersuchungen zur Qualität der Erklärungen in verschiedenen Fachkontexten. In jedem Fall gilt: Die Erklärung ersetzt nicht die kritische Auseinandersetzung mit dem Originaltext – sondern ist als Einstiegshilfe zu verstehen.

KI-gestützte Erklärung komplexer Absätze: ChatGPT, Deep-Seek & Co.

Neben Explainpaper bieten auch generative Sprachmodelle wie ChatGPT, DeepSeek, Perplexity.ai und Google Gemini hilfreiche Funktionen zum besseren Verständnis wissenschaftlicher Texte. Nutzer:innen können z. B. folgenden Prompt verwenden:

„Erkläre den folgenden Absatz aus einem wissenschaftlichen Artikel in einfachen Worten: [Absatz einfügen]".

ChatGPT (besonders in der GPT-4-Version) liefert in der Regel präzise, sprachlich gut verständliche Paraphrasen. Das Tool erkennt häufig auch implizite Zusammenhänge und kann auf Wunsch mit Beispielen aus der Praxis ergänzen – was insbesondere für Anwendungsfächer wie Pädagogik, Wirtschaft oder Sozialarbeit hilfreich ist (OpenAI, 2023). Schwächen liegen jedoch in der fehlenden Quellentransparenz und der Tendenz, Inhalte zu „glätten", also Unklarheiten zu übergehen statt sie offenzulegen.

DeepSeek.ai ist besonders auf technisch-wissenschaftliche Texte spezialisiert und liefert deutlich stärker strukturierte Antworten bei mathematischen oder naturwissenschaftlichen Abschnitten. Das Tool eignet sich daher besonders für MINT-Fächer oder datenbasierte Sozialforschung – allerdings ausschließlich auf Englisch.

Perplexity.ai kombiniert textbasierte Erklärungen mit Quellennachweisen und bietet oft zusätzliche Links zu ähnlichen Artikeln. Dies ist nützlich, um weiterführende Lektüre zu finden. Auch hier gilt jedoch: Die Erklärungen basieren auf Sprachmodellen, nicht auf inhaltlicher Validierung.

Google Gemini (ehemals Bard) punktet vor allem mit der Fähigkeit, aktuelle Studien oder Nachrichteninhalte in Erklärungen einzubinden. Für neu erschienene Fachartikel oder disziplinübergreifende Texte (z. B. zu KI und Ethik) kann dies hilfreich sein – allerdings ist die Tiefe der Analyse oft begrenzt.

Wichtiger Hinweis: In allen Fällen erklärt die KI nicht den Text selbst, sondern ihre eigene Interpretation des Textes. Diese kann fehlerhaft, verzerrt oder unvollständig sein – besonders bei komplexen theoretischen

Modellen oder methodischen Details. Deshalb sollte die Originalquelle immer parallel gelesen werden. Die Erklärung kann Anstoß zum Verständnis sein – aber keine wissenschaftlich zitierfähige Zusammenfassung.

Schritt-für-Schritt-Anleitung: So nutzt du KI sinnvoll beim Fachtextverständnis

Um die genannten Tools verantwortungsvoll und zielführend einzusetzen, empfiehlt sich ein strukturierter Ablauf:

1. Textpassage auswählen: Markiere einen Abschnitt, der schwer verständlich ist (z. B. eine Theoriediskussion, ein statistisches Ergebnis oder ein Fremdbegriff).
2. Kontext verstehen: Lies vor und nach dem Absatz – häufig ergibt sich der Sinn erst im Gesamtzusammenhang. Notiere erste Fragen.
3. KI-Tool auswählen:

   * Für kurze Absätze: ChatGPT oder DeepSeek
   * Für PDF-Markierungen: Explainpaper
   * Für erklärende Quellenhinweise: Perplexity
   * Für aktuelle Debatten: Gemini

4. Prompt formulieren: Beispiel:
5. „Erkläre diesen Absatz in einfachen Worten für eine:n Studierende:n im dritten Semester."
6. Antwort überprüfen:

   * Wird der zentrale Gedanke korrekt erfasst?
   * Fehlen Fachbegriffe oder werden sie falsch dargestellt?
   * Ist die Erklärung in sich schlüssig?

7. Originaltext gegenlesen: Prüfe, ob die KI-Interpretation mit dem tatsächlichen Inhalt übereinstimmt. Nutze ggf. Fachwörterbücher oder Rückfragen in Lehrveranstaltungen zur Klärung.
8. Erklärung notieren, nicht übernehmen: Die KI-Antwort kann zur eigenen Notiz werden – nicht zur Zitatquelle. Sie darf nicht direkt in wissenschaftlichen Arbeiten verwendet werden, sondern dient nur der Erschließung.

9. Eigenes Verständnis sichern: Fasse den Sinn der Passage in eigenen Worten zusammen. Wenn du es einer anderen Person verständlich erklären kannst, hast du es verstanden.

Zur Selbstüberprüfung des Textverständnisses dient die Checkliste in Tab. 5.9.

KI als Erklärhilfe – aber kein Ersatz für Fachkompetenz

Das Verstehen wissenschaftlicher Fachtexte bleibt auch im Zeitalter der KI eine anspruchsvolle Aufgabe – aber keine unüberwindbare Hürde. Tools wie Explainpaper, ChatGPT oder DeepSeek können helfen, sprachliche Barrieren abzubauen, Zusammenhänge sichtbar zu machen und Einstiegshürden zu senken. Doch sie ersetzen nicht die Eigenleistung, die zum wissenschaftlichen Arbeiten dazugehört: das Durchdringen von Argumentationen, das Nachvollziehen methodischer Entscheidungen und das kritische Reflektieren von Studienergebnissen. Erst durch diese Prozesse entsteht echtes Verständnis – und damit die Basis für originelles wissenschaftliches Denken. Tab. 5.8 vergleicht KI-Tools zum Verständnis wissenschaftlicher Fachtexte hinsichtlich Funktionen, Stärken und Schwächen.

> **Hinweis**
>
> Für tiefes Verständnis empfiehlt sich oft die Kombination mehrerer Tools: z. B. ChatGPT zur ersten Erklärung + Explainpaper zur Textverortung + Perplexity zur Quellenprüfung.

> **Tipp**
>
> Wenn du fünf oder mehr Fragen mit „Ja" beantworten kannst, hast du ein gutes Textverständnis. Ansonsten lohnt es sich, nochmal gezielt nachzulesen oder Rückfragen zu stellen.

Tab. 5.8 Tool-Vergleich: Fachtexte verstehen mit KI – Funktionen, Stärken, Schwächen

Tool	Sprache	Besonderheit	Stärken	Schwächen	Ideal für …
Explainpaper	Englisch	Markierung im PDF	Klarer Bezug zum Originaltext	Nur englisch, teils oberflächlich, kein Kontext	Einzelpassagen in Fachartikeln
ChatGPT	Multilingual	Freiform-Eingabe, kontextsensitiv	Gute sprachliche Vereinfachung, flexibel	Halluzinationen möglich, keine Quellenangabe	Allgemeine Verständnishilfe
DeepSeek.ai	Englisch	Technisch-akademische Ausrichtung	Besonders stark bei MINT-Themen	Nur Englisch, schwächer in Geisteswissenschaften	Komplexe Formulierungen in Naturwissenschaften
Perplexity.ai	Multilingual	KI + Websuche mit Quellen	Liefert weiterführende Literaturhinweise	Wissenschaftlich nicht immer sauber getrennt	Explorative Kontexte, weiterführende Links
Google Gemini	Multilingual	Kombination mit aktuellen Webinhalten	Guter Überblick zu aktuellen Entwicklungen	Teilweise oberflächliche Vereinfachungen	Interdisziplinäre Texte, Trendthemen

Tab. 5.9 Checkliste: Habe ich den Text wirklich verstanden?

Frage zur Selbstprüfung	Ja	Nein	Notizen/ Klärungsbedarf
Kann ich den Absatz in eigenen Worten zusammenfassen?	☐	☐	
Verstehe ich die zentrale Aussage oder Hypothese?	☐	☐	
Weiß ich, welche Fachbegriffe ich noch klären muss?	☐	☐	
Erkenne ich, ob der Text eine Theorie beschreibt, ein Ergebnis berichtet oder etwas bewertet?	☐	☐	
Habe ich geprüft, ob die KI-Erklärung mit dem Original übereinstimmt?	☐	☐	
Könnte ich diesen Abschnitt jemandem auf meinem Studienniveau verständlich erklären?	☐	☐	
Habe ich überprüft, ob die Quelle zitierfähig und relevant ist?	☐	☐	

Fallbeispiel: KI-Erklärung in der Praxis

Originaltext (aus einem Artikel zur Lernanalytik):

„The effectiveness of adaptive feedback systems in online education largely depends on the accuracy of student modeling and the timeliness of system interventions, which remains a challenge due to data sparsity and individual variability."

KI-Erklärung (ChatGPT, Prompt: „Erkläre diesen Satz einfach"):

„Wie gut ein Online-Lernsystem personalisierte Rückmeldungen geben kann, hängt davon ab, wie genau es den Lernfortschritt der einzelnen Person erkennt und wie schnell es reagiert. Das ist aber schwierig, weil es oft zu wenig Daten gibt und Menschen sehr unterschiedlich lernen."

Bewertung:

✓ Die Kernaussage wird korrekt wiedergegeben.

✓ Komplexe Begriffe („adaptive feedback systems", „student modeling") werden anschaulich vereinfacht.

✗ Der Bezug zu „data sparsity" und „individual variability" wird etwas verallgemeinert – differenziertere Erklärung fehlt.

→ Fazit: Hilfreiche Einstiegshilfe, aber nur mit Parallellektüre empfehlenswert.

5.5 Schreibprozess – Mit KI zum besseren Text?

Das Schreiben wissenschaftlicher Texte ist ein komplexer und oft langwieriger Prozess. Es geht nicht nur darum, Inhalte korrekt wiederzugeben, sondern auch darum, sie sprachlich klar zu strukturieren, einen eigenen Argumentationsgang zu entwickeln und dabei die stilistischen Konventionen des jeweiligen Fachs zu beachten. Für viele Studierende – aber auch für erfahrene Forschende – stellt das Formulieren eine der größten Hürden im akademischen Alltag dar. Künstliche Intelligenz (KI) kann hier unterstützen: als Schreibpartner, als Stilberater oder als Strukturhilfe. Doch sie ersetzt nicht die Eigenleistung. Vielmehr gilt es, die richtigen Werkzeuge im richtigen Moment zu nutzen – und dabei die Grundsätze wissenschaftlicher Redlichkeit zu wahren.

KI als Schreibassistent – Funktionen und Tools im Überblick
In den letzten Jahren sind zahlreiche KI-gestützte Tools entstanden, die darauf ausgelegt sind, den Schreibprozess zu begleiten oder zu erleichtern. Sie bieten automatische Vervollständigungen, stilistische Optimierung, Vorschläge für wissenschaftliche Formulierungen oder Feedback zur Kohärenz eines Textes. Tab. 5.10 stellt zentrale KI-Schreibassistenten mit ihren Funktionen und Einsatzfeldern gegenüber.

Jenni.ai ist ein englischsprachiger „autocomplete"-Assistent, der auf wissenschaftliches Schreiben spezialisiert ist. Das Tool ergänzt angefangene Sätze in akademischer Sprache, schlägt passende Literatur vor (teilweise mit DOI), und lässt sich an verschiedene Textsorten (z. B. argumentative Essays, empirische Berichte) anpassen. Besonders nützlich ist Jenni.ai in der frühen Entwurfsphase, wenn erste Ideen in Fließtext übersetzt werden sollen. Allerdings besteht die Gefahr, dass Nutzer:innen

Tab. 5.10 Tool-Vergleich: Schreibassistenz mit KI – Funktionen, Einsatzfelder, Fallstricke

Tool	Sprache	Hauptfunktion	Stärken	Schwächen	Ideal für …
Jenni.ai	Englisch	Autovervollständigung für wissenschaftliche Texte	Schnelle Inspiration, strukturierte Vorschläge	Teilweise inhaltlich vage, kostenpflichtig	Erste Entwürfe, akademischer Duktus
ChatGPT	Mehrsprachig	Freiform-Schreiben, Stilhilfen	Sprachlich stark, vielseitig einsetzbar	Quellenlos, Halluzinationen möglich	Umformulieren, Einleitungen, Überleitungen
Perplexity.ai	Mehrsprachig	Text + Quellenverweise	Gute Übersicht, Literaturhinweise	Teilweise nicht zitierfähig, vereinfachend	Argumentationsaufbau mit Belegideen
DeepSeek.ai	Englisch	Technischer Sprachstil, formale Klarheit	Präzise bei MINT-Themen	Nur englisch, weniger stilistisch flexibel	Methodenbeschreibungen, Zusammenfassungen
Hesse.ai	Deutsch	Stilkorrektur, Schreibfeedback	Wissenschaftlicher Stil, deutschsprachig	Weniger kreativ, teils generisch	Textpolitur, Argumentationslogik

die Vorschläge unkritisch übernehmen – was problematisch sein kann, wenn sie sprachlich elegant, aber inhaltlich ungenau sind.

Deutlich flexibler, aber auch potenziell „freier" in der Interpretation, ist ChatGPT. Über gezielte Prompts wie „Formuliere diesen Satz wissenschaftlicher", „Fasse den folgenden Absatz argumentativ zusammen" oder „Erstelle eine Überleitung zwischen den Abschnitten" lassen sich differenzierte Hilfen erzeugen. Besonders in der GPT-4-Version liefert das Modell sprachlich präzise, stilistisch kohärente Vorschläge – allerdings ohne Quellenangabe oder Kontextkontrolle (OpenAI, 2023).

Perplexity.ai geht einen Schritt weiter: Das Tool verknüpft Sprachgenerierung mit Quellensuche und schlägt wissenschaftliche Belege zu Aussagen direkt vor. Das kann hilfreich sein, wenn es darum geht, Aussagen mit Studien zu untermauern – ersetzt aber nicht die inhaltliche Prüfung. Besonders bei Literaturverweisen ohne DOI oder mit vagen Titelangaben ist Skepsis geboten (Bubeck et al., 2023

DeepSeek.ai bietet eine spezialisierte Umgebung für technisch-naturwissenschaftliche Texte. Das Modell erzeugt präzise, formalisierte Ausdrucksweisen – etwa für Methodenbeschreibungen oder Zusammenfassungen – und lässt sich gut in den Schreibprozess von Bachelor- oder Masterarbeiten in MINT-Fächern integrieren. Allerdings ist die Plattform bislang nur auf Englisch verfügbar.

Für deutschsprachige Texte besonders hervorzuheben ist Hesse.ai, ein kommerzielles Tool, das sich gezielt an Studierende, Lehrende und Forschende im deutschsprachigen Raum richtet. Es unterstützt nicht nur bei der Strukturierung von Texten, sondern liefert auch Formulierungsvorschläge, die sich an typischen wissenschaftlichen Duktusformen (z. B. geistes- oder sozialwissenschaftliche Argumentationsweise) orientieren. Dabei wird auf typische Fehler in Grammatik, Stil und Argumentationslogik hingewiesen – vergleichbar mit einem digitalen Schreibcoach (Hesse.ai, 2023).

Qualitätssicherung: Schreiben heißt Denken – nicht nur Formulieren
Bei aller Unterstützung durch KI bleibt der wichtigste Grundsatz: Der Text muss dem eigenen Denken entspringen. Das bedeutet nicht, dass jede Formulierung originell sein muss – aber die inhaltliche Struktur, die Auswahl der Belege und die argumentative Gewichtung müssen von der

Tab. 5.11 Checkliste: Qualitätssicherung bei KI-gestütztem Schreiben

Prüffrage	Ja	Nein	Anmerkung
Habe ich die KI-Antwort vollständig verstanden?	☐	☐	
Ist der Text stilistisch zu mir passend (nicht zu künstlich)?	☐	☐	
Habe ich alle Inhalte auf Richtigkeit und Quellen geprüft?	☐	☐	
Ist erkennbar, was meine Eigenleistung ist (eigene Argumentation)?	☐	☐	
Habe ich die KI-Nutzung dokumentiert (z. B. im Methodenkapitel)?	☐	☐	
Wurde nichts direkt von der KI übernommen, ohne es zu überarbeiten?	☐	☐	
Ist jede zitierte Information aus einer prüfbaren Quelle (DOI/ISBN)?	☐	☐	

schreibenden Person selbst geleistet werden. Die Qualität eines wissenschaftlichen Textes misst sich nicht nur an sprachlicher Eleganz, sondern an logischer Stringenz, theoretischer Anschlussfähigkeit und methodischer Nachvollziehbarkeit (Kruse, 2010).

KI kann dabei helfen, Gedanken klarer auszudrücken – sie darf aber nicht dafür genutzt werden, eigene Unsicherheiten zu kaschieren oder kritische Urteilsbildung zu umgehen. Zur systematischen Selbstüberprüfung dieses Anspruchs kann die Checkliste in Tab. 5.11 herangezogen werden.

Ein zentrales Risiko besteht in der unreflektierten Übernahme von KI-generierten Absätzen. Diese können inhaltlich ungenau, verkürzt oder sogar frei erfunden sein (Halluzinationen).

Zudem fehlt es vielen Modellen an Fachterminologie und disziplinspezifischem Stil – was dazu führt, dass Arbeiten stilistisch uneinheitlich oder inkongruent wirken. Deshalb empfiehlt sich immer: Zuerst denken, dann schreiben – und erst dann KI zur Unterstützung einsetzen.

Plagiat vermeiden – Eigenleistung dokumentieren

Ein weiteres Risiko bei der KI-Nutzung im Schreibprozess besteht in der Grenzüberschreitung zur Fremdleistung. Wer Textvorschläge direkt übernimmt, ohne sie zu reflektieren, riskiert, sich der Urheberrechtsverletzung oder des Plagiats schuldig zu machen. Viele Hochschulen haben mittlerweile Richtlinien zum Umgang mit KI eingeführt, die betonen, dass eine transparente Dokumentation von KI-Nutzung notwendig ist – etwa durch ein KI-Logbuch oder ein methodisches Kapitel zur Schreibunterstützung (Jobin et al., 2019).

Grundsätzlich gilt:

- KI-Texte sind keine zitierfähigen Quellen. Sie können Inspiration liefern, dürfen aber nicht als „Literatur" verwendet werden.
- Zitate und Belege müssen aus originären Quellen stammen – idealerweise mit DOI, Verlagsangabe oder Fundstelle in einer anerkannten Datenbank.
- Automatisch erzeugte Inhalte müssen immer überprüft und umformuliert werden. Dabei hilft z. B. die Frage: „Würde ich diesen Satz auch ohne KI so formulieren – und kann ich ihn begründen?"

Tipp

Ein einfacher Trick zur Sicherung der Eigenleistung besteht darin, nach jeder KI-Nutzung einen Absatz selbst zu formulieren, der die Bedeutung des Vorhergehenden zusammenfasst. So wird deutlich, dass der Text verstanden und bearbeitet wurde – nicht nur generiert.

KI kann helfen – aber das Denken bleibt menschlich

Der Schreibprozess ist mehr als eine Stilübung – er ist ein Ausdruck des eigenen wissenschaftlichen Denkens. Künstliche Intelligenz kann diesen Prozess unterstützen, aber nicht ersetzen. Wer Tools wie Jenni.ai, ChatGPT oder Hesse.ai reflektiert einsetzt, kann sprachlich präzisere, logischere und besser strukturierte Texte verfassen. Doch nur durch die Kombination aus technischer Unterstützung, fachlicher Reflexion und methodischer Eigenleistung entsteht ein wissenschaftlicher Text, der den Namen verdient. Oder in anderen Worten: KI kann schreiben – aber du musst verstehen, was du schreibst.

Hinweis

Bereits 1–2 unbeantwortete Fragen deuten auf ein erhöhtes Risiko für Plagiate oder fachliche Fehler hin – in diesem Fall sollte der Text nochmals kritisch überarbeitet werden.

Beispiel: Von der KI-Vorlage zur Eigenformulierung

Ausgangslage: Eine Studierende schreibt über digitale Bildung und bittet ChatGPT um eine stilistische Verbesserung dieses Satzes:

Originalsatz (von der Studierenden):

„Viele Schüler haben Probleme mit digitalen Lernformaten, weil sie damit noch nicht so viel gemacht haben."

KI-Vorschlag (ChatGPT):

„Zahlreiche Schüler:innen zeigen Schwierigkeiten im Umgang mit digitalen Lernformaten, was auf mangelnde Erfahrung im digitalen Lernen zurückzuführen ist."

Bewertung:

✓ Sprachlich korrekt

✓ Wissenschaftlicher Stil

✗ Erklärung ist vage – was genau ist mit „Schwierigkeiten" oder „mangelnder Erfahrung" gemeint?

✗ Perspektive der Lernenden bleibt abstrakt – keine Beispiele, keine Differenzierung

Überarbeitete Eigenformulierung (Studierende, mit Feedback):

„Insbesondere bei komplexeren Aufgabenformaten wie kollaborativen Online-Plattformen oder digitalen Quiztools zeigen viele Schüler:innen Schwierigkeiten, was häufig auf fehlende Vorerfahrung mit interaktiven digitalen Lernumgebungen zurückzuführen ist."

Die KI-Vorlage war ein hilfreicher Stilimpuls – aber erst durch die eigenständige Überarbeitung entsteht ein differenzierter, konkreter und wissenschaftlich tragfähiger Satz.

5.6   Korrekturlesen – Qualität durch den letzten Schliff

Ob eine wissenschaftliche Arbeit überzeugt, entscheidet sich nicht nur durch Inhalt und Struktur, sondern auch durch sprachliche Sorgfalt. Wer fehlerhafte Grammatik, unklare Formulierungen oder unstimmige Bezüge im Text belässt, riskiert Missverständnisse – oder den Eindruck von Nachlässigkeit.

Gründliches Korrekturlesen ist daher keine Nebensache, sondern ein essenzieller Schritt der wissenschaftlichen Qualitätssicherung (Kruse, 2010).

Gerade bei langen Texten wie Bachelor- oder Masterarbeiten schleichen sich oft wiederkehrende Fehler ein: fehlende Bezüge, doppelte Wörter, grammatikalische Ungenauigkeiten oder stilistische Inkonsistenzen. Auch inhaltlich-logische Brüche – etwa nicht zu Ende geführte Argumente oder plötzliche Perspektivwechsel – bleiben im Schreibfluss oft unbemerkt. Künstliche Intelligenz kann hier wertvolle Dienste leisten. Doch wie bei allen automatisierten Prozessen gilt: KI ersetzt nicht das kritische Mitdenken, sondern unterstützt den prüfenden Blick.

KI-Tools für sprachliches Feintuning

Moderne Schreibassistenten bieten heute weit mehr als einfache Rechtschreibkorrektur. Sie analysieren Stil, Kohärenz, Grammatik, Wortwahl und sogar logische Struktur von Texten. Einen vergleichenden Überblick über zentrale KI-Tools zum Korrekturlesen sowie deren Stärken und Grenzen bietet Tab. 5.12.

DeepL Write ist ein Tool des bekannten Übersetzungsdienstes DeepL und fokussiert sich auf stilistische Optimierung im Deutschen und Englischen. Im Vergleich zu ChatGPT ist die Grammatikprüfung oft präziser, besonders bei komplexen Satzstrukturen oder fehleranfälligen Formulierungen im akademischen Duktus. Nutzer:innen können zwischen „formell" und „neutral" wählen, was besonders für wissenschaftliche Kontexte hilfreich ist.

Grammarly ist vor allem für englischsprachige Texte zu empfehlen. Neben Grammatik und Rechtschreibung analysiert Grammarly auch Tonfall, Verständlichkeit und Wortwiederholungen. Die Premium-Version erkennt auch Zitationsfehler und passive Strukturen. Für nicht-englische Muttersprachler:innen bietet Grammarly eine wichtige Unterstützung bei der sprachlichen Glättung.

ProWritingAid geht einen Schritt weiter und kombiniert Grammatik-Checks mit Stilanalysen, Lesbarkeitsprüfungen und Kohärenzbewertung. Besonders interessant ist die Möglichkeit, eigene Stilpräferenzen oder

Tab. 5.12 Tool-Vergleich: Korrekturlesen mit KI – Funktionen, Stärken und Einsatzfelder

Tool	Sprache	Hauptfunktion	Stärken	Schwächen	Ideal für …
DeepL Write	Deutsch, Englisch	Grammatik- und Stilprüfung	Präzise Syntaxkorrektur, Stilwahl (formell)	Keine Quellenprüfung, keine Strukturhilfe	Sprachglättung in wissenschaftlichen Texten
Grammarly	Englisch	Umfassende Sprachprüfung	Starke Grammatik- und Stilprüfung	Kein Deutsch, Stil manchmal zu „weich"	Korrektur englischer Texte
ChatGPT	Mehrsprachig	Stilberatung, Variantenfindung	Flexibel, gute Vorschläge bei Prompts	Gefahr der Vereinfachung, kein Kontextcheck	Stilvarianten, Feintuning
ProWritingAid	Englisch	Stil-, Kohärenz- und Lesbarkeitsanalyse	Sehr detaillierte Analyse, strukturierte Tipps	Nicht für deutsche Texte geeignet	Umfassendes Lektorat auf Englisch
DeepSeek.ai	Englisch	Technische Korrektur	Sehr präzise bei MINT-Fächern	Nur Englisch, weniger Stilhilfe	Naturwissenschaftliche Formulierungen

Texttypen (z. B. „academic essay") auszuwählen. In Kombination mit ChatGPT kann ProWritingAid für die Endredaktion einer Arbeit hilfreich sein.

Auch ChatGPT kann bei gezielten Korrekturanfragen („Korrigiere diesen Absatz grammatikalisch und stilistisch") sinnvoll eingesetzt werden. Allerdings fehlen dem System eindeutige Maßstäbe für Fachsprache, sodass es zu einer ungewollten „Vereinfachung" oder stilistischen Entfremdung kommen kann.

> **Tipp**
>
> Nutze ChatGPT bevorzugt zur Formulierung von Alternativen, nicht zur endgültigen Korrektur. Formuliere z. B. deinen eigenen Satz und bitte die KI um stilistische Varianten, zwischen denen du dann bewusst auswählst.

Proofreading mit ChatGPT, DeepSeek, Perplexity und Gemini – Chancen und Risiken

Neben den klassischen Stil- und Korrekturtools bieten auch die großen KI-Systeme erweiterte Möglichkeiten zur Überprüfung von Texten:

ChatGPT erkennt Satzbaufehler, uneinheitliche Zeiten und problematische Wortwiederholungen. Es bietet dabei oft mehrere Formulierungsvorschläge. Risiken bestehen in einer zu starken Vereinfachung oder dem Verlust des individuellen Stils.

DeepSeek.ai ist hilfreich bei der Korrektur technischer Texte, etwa im Bereich von Definitionen, Methoden oder naturwissenschaftlichen Beschreibungen. Es erkennt Formatierungsfehler (z. B. bei Zahlen oder Einheiten) zuverlässiger als andere Systeme – jedoch nur auf Englisch.

Perplexity.ai eignet sich gut zur Prüfung von Aussagen gegen Quellen. Es bietet zwar keine klassische Korrekturhilfe, kann aber zur Validierung von inhaltlichen Aussagen genutzt werden.

Google Gemini kombiniert Korrektur- und Recherchefähigkeiten, arbeitet aber weniger strukturiert als spezialisierte Tools. Stilistisch ist Gemini für essayistische oder journalistische Texte hilfreicher als für wissenschaftliches Schreiben.

Warnung: KI-Korrekturen neigen dazu, den individuellen Sprachstil zu „glätten". Wiedererkennbare Eigenheiten (z. B. Argumentationsmuster, Lieblingsformulierungen) werden oft „weggeneriert". Das kann dazu führen, dass ein ursprünglich lebendiger Text stilistisch beliebig wirkt.

Typische Fehlerquellen beim Korrekturlesen – und wie man sie erkennt

Trotz technischer Hilfen lohnt sich immer ein eigener Korrekturgang – idealerweise nach einer Pause von 1–2 Tagen. Dabei sollten folgende Aspekte besonders beachtet werden:

- Grammatik und Satzbau: Prüfe Satzlänge, korrekte Zeiten, Kongruenz von Subjekt und Verb, Kommasetzung.
- Stil: Wiederholungen vermeiden, klare Übergänge formulieren, Argumente durch konkrete Begriffe stützen.
- Bezüge: Stimmen alle Verweise auf Tabellen, Abbildungen und Kapitel? Gibt es logische Sprünge?
- Zitation: Wurde jede Quelle korrekt angegeben (inkl. DOI/ISBN)? Fehlen Seitenzahlen bei direkten Zitaten?
- Typografie: Einheitliche Anführungszeichen, korrekte Einrückungen, durchgängige Formatierung nach Leitfaden?

Beispiel:

Original: „Wie bereits beschrieben, ist das Bildungssystem in Deutschland sehr unterschiedlich aufgebaut."

Problem: „Wie bereits beschrieben" – wo genau? Der Bezug fehlt.

Besser: „Wie im Abschn. 3.2 zum Föderalismus im Bildungssystem gezeigt wurde, ist der Aufbau in Deutschland länderspezifisch unterschiedlich."

Tipp

Lies den Text abschnittsweise laut vor. Dabei fallen viele stilistische Brüche oder unklare Bezüge unmittelbar auf.

Korrektur-Checkliste – Letzter Durchgang vor der Abgabe

Prüfpunkte	Ja	Nein	Bemerkung
Rechtschreibung und Zeichensetzung überprüft?	☐	☐	
Einheitlicher Stil im ganzen Dokument (z. B. sachlich, präzise)?	☐	☐	
Zeitformen korrekt und einheitlich?	☐	☐	
Satzbau klar und verständlich (keine Schachtelsätze)?	☐	☐	
Fachbegriffe korrekt verwendet und konsequent erklärt?	☐	☐	
Tabellen, Abbildungen und Anhänge korrekt referenziert?	☐	☐	
Zitate und Paraphrasen korrekt mit DOI/ISBN belegt?	☐	☐	
Literaturverzeichnis vollständig und im richtigen Stil?	☐	☐	
Kein Copy-Paste aus KI-Tools ohne eigene Überarbeitung?	☐	☐	
Eigene Argumentation erkennbar und schlüssig dargestellt?	☐	☐	

Tipp

Lass den Text nach dem ersten Korrekturgang *ruhen* und lies ihn einen Tag später erneut. Viele Unstimmigkeiten erkennt man erst mit Abstand.

Vorher–Nachher: Typische Fehler beim Korrekturlesen – und wie man sie löst
Unklare Satzstruktur

- Vorher:

  „Die Analyse der Interviews war sehr interessant, weil viele Aspekte enthalten waren, die auf neue Hypothesen hinweisen."
- Nachher:

  „Die Analyse der Interviews offenbarte zahlreiche Aspekte, die zur Formulierung neuer Hypothesen anregen."

Problem: vage, umständlich
Lösung: präzise Subjekt-Verb-Konstruktion, aktive Sprache, Nominal-
stil vermeiden

Stilbruch durch Umgangssprache

- Vorher:
  „Außerdem wurden die Teilnehmenden gefragt, wie sie damit
  klarkommen."
- Nachher:
  „Zudem wurden die Teilnehmenden befragt, wie sie mit dieser Situa-
  tion umgehen."
- Problem: umgangssprachliche Wendung („klarkommen")
  Lösung: sachlicher Stil, einheitliches wissenschaftliches Register

Unpräziser Verweis

- Vorher:
  „Wie bereits gesagt wurde, ist die Digitalisierung wichtig."
- Nachher:
  „Wie in Abschn. 2.3 dargelegt, ist die Digitalisierung ein zentraler
  Aspekt der Schulentwicklung."
- Problem: fehlender Bezugspunkt
  Lösung: präzise Referenz, Wiederaufnahme inhaltlicher Argumente

6

Exkurse

Neben den Kernkapiteln dieses Buches gibt es Themen, die zwar nicht im Mittelpunkt wissenschaftlichen Arbeitens mit KI stehen, aber im Studienalltag immer wieder relevant werden. Dazu gehören etwa das Übersetzen von Fachtexten, die Arbeit mit Tabellen und Daten oder die Erstellung von Präsentationen. Diese Bereiche lassen sich durch den Einsatz von KI-Tools erheblich erleichtern – gleichzeitig bergen sie spezifische Herausforderungen, die Studierende kennen sollten.

Die folgenden Exkurse verstehen sich daher als praktische Vertiefungen: Sie greifen typische Situationen aus Studium und Forschung auf und zeigen, wie KI hier unterstützend eingesetzt werden kann. Jeder Exkurs ist nach demselben Muster aufgebaut: kurze Einführung in das Thema, konkrete Beispiele für Tools und Anwendungen, Relevanz für die akademische Praxis sowie eine prägnante Kernaussage (Takeaway).

Ziel ist es, einen Werkzeugkasten anzubieten, aus dem Studierende je nach Bedarf einzelne Instrumente auswählen können. Die Exkurse sollen Inspiration geben, aber auch für die Risiken sensibilisieren, die mit der Nutzung von KI in diesen Bereichen verbunden sind.

Im Anschluss an die Exkurse folgt eine Fazit- und Checkliste, die das Gelernte bündelt: Do's and Don'ts, Muster-Prompts und der Hinweis,

© Der/die Autor(en), exklusiv lizenziert an Springer Fachmedien Wiesbaden GmbH, ein Teil von Springer Nature 2026
K. K. Meyer-Ross, *Wissenschaftliches Arbeiten mit KI: Effizient schreiben, recherchieren und korrigieren*, https://doi.org/10.1007/978-3-658-51598-0_6

die eigene KI-Nutzung sorgfältig zu dokumentieren. Damit wird Kap. 6 zu einer praxisnahen Ergänzung, die die Hauptkapitel abrundet und zugleich einen Blick über den Tellerrand ermöglicht.

Exkurs 1: Wissenschaftliches Übersetzen mit KI

Worum geht es?

Übersetzungen sind im Studium unverzichtbar – sei es für englische Fachliteratur, internationale Kommunikation oder das eigene Schreiben. KI-gestützte Übersetzungstools bieten hier eine enorme Arbeitserleichterung, bringen aber auch spezifische Risiken mit sich.

Beispiel/Anwendung

DeepL liefert oft bessere Ergebnisse als herkömmliche maschinelle Übersetzungen und wird bereits in vielen wissenschaftlichen Kontexten genutzt (Läubli & Orrego-Carmona, 2017; DeepL SE, 2023).

Google Translate überzeugt durch Schnelligkeit und breite Sprachabdeckung.

ChatGPT, Perplexity oder Gemini können Übersetzungen stilistisch anpassen oder erklärend erweitern.

DeepSeek ist besonders stark bei asiatischen Sprachen.

Grammarly unterstützt beim sprachlichen Feinschliff von englischen Texten (Grammarly Inc., 2023).

Wichtiger Hinweis: Bei Zitaten dürfen Übersetzungen nie ungeprüft übernommen werden. Zitate müssen stets mit dem Original abgeglichen werden, um Sinnentstellungen oder verfälschte Aussagen zu vermeiden.

Relevanz für Studierende und Forschung

KI spart Zeit und erleichtert den Zugang zu internationalen Quellen. Gleichzeitig erfordert die Arbeit mit Übersetzungen eine besondere Sensibilität, da ungenaue oder fehlerhafte Übertragungen gravierende Folgen für die wissenschaftliche Argumentation haben können.

Takeaway

Übersetzungstools sind nützlich, aber Zitate und Fachbegriffe müssen immer mit dem Original verglichen werden.

Exkurs 2: Tabellen und Datenvisualisierung

Worum geht es?

Daten sind zentral für wissenschaftliche Arbeiten. KI-gestützte Tools können Studierenden helfen, komplexe Datensätze schneller zu analysieren und ansprechend darzustellen.

Beispiel/Anwendung

GPT-4 mit Code Interpreter (früher: Advanced Data Analysis) ermöglicht die Analyse von CSV-Dateien, Berechnungen und sogar statistische Auswertungen (OpenAI, 2023).

Noteable bietet die Möglichkeit, Tabellen und Diagramme KI-basiert zu generieren (Noteable, 2023).

Relevanz für Studierende und Forschung

Gerade in Abschlussarbeiten erleichtern diese Tools die Arbeit mit empirischen Daten erheblich. Allerdings ersetzt KI keine saubere Methodik: Wer Daten analysiert, muss die Ergebnisse verstehen und kritisch hinterfragen können.

Takeaway

KI-gestützte Datenanalyse spart Zeit, setzt aber weiterhin methodisches Verständnis voraus.

Exkurs 3: Präsentationen erstellen

Worum geht es?

Am Ende wissenschaftlicher Projekte steht oft die Präsentation der Ergebnisse. KI kann auch hier unterstützen – sei es durch die Erstellung von Folien oder durch die Strukturierung von Inhalten.

Beispiel/Anwendung

Tome.app erstellt auf Basis kurzer Eingaben automatisch Folien, die sich anpassen und erweitern lassen (Tome Inc., 2023).

ChatGPT kann Stichpunkte für Präsentationen vorschlagen, die anschließend in ein Präsentationstool übertragen werden (OpenAI, 2024).

Relevanz für Studierende und Forschung
Gerade Studierende, die sich beim Visualisieren schwer tun, erhalten durch KI eine gute Unterstützung. Dennoch bleibt die Verantwortung, Inhalte sinnvoll zu gewichten und eine klare Argumentationslinie zu entwickeln, bei den Vortragenden.

Takeaway
KI kann die Erstellung von Präsentationen erleichtern, ersetzt aber nicht die inhaltliche Strukturierung durch die Studierenden selbst.

7

Fazit und Checkliste

Die Exkurse haben gezeigt, dass KI-Tools Studierende in vielen Bereichen des akademischen Alltags sinnvoll unterstützen können: beim Übersetzen, bei der Analyse und Visualisierung von Daten sowie bei der Erstellung von Präsentationen.

Gleichzeitig wird deutlich, dass der verantwortungsvolle Umgang mit diesen Werkzeugen entscheidend ist. KI kann Prozesse vereinfachen und beschleunigen, ersetzt aber weder methodische Sorgfalt noch kritisches Denken.

Um die wichtigsten Erkenntnisse greifbar zu machen, bietet die folgende Checkliste einen Überblick über Do's und Don'ts, Muster-Prompts und Dokumentationsstrategien.

Do's und Don'ts beim KI-Einsatz
Do's

- KI gezielt als Werkzeug einsetzen – nicht als Ersatz für die eigene Leistung.
- Ergebnisse stets kritisch prüfen und mit Originalquellen abgleichen.

K. K. Meyer-Ross, *Wissenschaftliches Arbeiten mit KI: Effizient schreiben, recherchieren und korrigieren*, https://doi.org/10.1007/978-3-658-51598-0_7

- Transparenz wahren: KI-Nutzung offenlegen (ETH Zürich, 2023).
- Eigene Prompts dokumentieren, um den Arbeitsprozess nachvollziehbar zu machen.

Don'ts

- KI-Antworten ungeprüft übernehmen.
- Sensible oder personenbezogene Daten in Cloud-Dienste eingeben (Voigt & von dem Bussche, 2021).
- Übersetzte Zitate ohne Abgleich mit dem Original verwenden.
- KI-Ergebnisse als „objektiv" ansehen – Bias ist immer möglich (Bender et al., 2021).

Muster-Prompts für verschiedene Phasen

- Themenfindung: „Schlage drei mögliche Forschungsthemen zum Thema Nachhaltigkeit in der Logistik vor, mit jeweils einer kurzen Begründung und relevanter Literatur."
- Gliederung: „Erstelle eine mögliche Gliederung für eine Bachelorarbeit über den Einfluss von Social Media auf die politische Meinungsbildung, inkl. Unterpunkte."
- Datenanalyse: „Analysiere die CSV-Datei mit den Umfrageergebnissen. Erstelle eine Zusammenfassung der wichtigsten Trends in Form einer Tabelle und eines Diagramms."
- Sprachlicher Feinschliff: „Formuliere diesen Absatz in wissenschaftlichem Stil um und füge passende Übergangssätze hinzu."
- Präsentation: „Fasse die wichtigsten Ergebnisse der Arbeit in fünf Stichpunkten zusammen, die sich für eine PowerPoint-Präsentation eignen."

Diese Muster dienen als Anregung und sollen Studierenden helfen, eigene Prompts zu entwickeln, die den individuellen Anforderungen ihrer Arbeit entsprechen (OpenAI, 2024).

Dokumentation: Das KI-Log
Eine gute Praxis ist das Führen eines KI-Logs, also eines Protokolls der eingesetzten Prompts und Ergebnisse. Darin wird festgehalten:

- Welche Tools verwendet wurden.
- Welche Prompts zum Einsatz kamen.
- Welche Teile der Ergebnisse übernommen oder verworfen wurden.

Dies schafft Transparenz, erleichtert die Nachvollziehbarkeit und kann bei Prüfungen oder Betreuungen Missverständnissen vorbeugen (Universität Wien, 2023).

Takeaway
KI ist ein mächtiger Helfer im Studium, wenn es verantwortungsvoll genutzt wird. Wer kritisch prüft, transparent dokumentiert und die eigene wissenschaftliche Urteilskraft wahrt, kann das Potenzial dieser Technologien voll ausschöpfen.

8

Fazit und Ausblick

Die Auseinandersetzung mit Künstlicher Intelligenz im wissenschaftlichen Kontext zeigt deutlich, dass wir es mit einer Technologie von enormem Potenzial, aber auch mit tiefgreifenden Herausforderungen zu tun haben. KI kann helfen, wissenschaftliche Prozesse zu strukturieren, Routinen effizienter zu gestalten und kreative Impulse zu setzen. Sie unterstützt bei der Themenfindung, erleichtert die Orientierung im Forschungsfeld, hilft beim sprachlichen Feinschliff und kann sogar Denkanstöße für komplexe Argumentationslinien geben.

Doch ebenso klar ist: KI ersetzt keine wissenschaftliche Eigenleistung. Das Fundament jeder akademischen Arbeit bleibt kritisches Denken, methodische Sorgfalt und reflektierte Quellenarbeit. Wer unkritisch auf KI-Outputs vertraut, riskiert nicht nur Plagiate und inhaltliche Fehler, sondern auch den Verlust jener Kompetenzen, die den Kern wissenschaftlicher Bildung ausmachen. Deshalb gilt es, KI stets als Werkzeug zu begreifen – als Co-Pilot, der Orientierung geben und Denkprozesse anregen kann, während die Verantwortung für Inhalt und Qualität beim Menschen bleibt.

Besonders wichtig ist es, dass Studierende, Lehrende und Forschende die Nutzung von KI bewusst und transparent gestalten. Dazu gehört ei-

K. K. Meyer-Ross, *Wissenschaftliches Arbeiten mit KI: Effizient schreiben, recherchieren und korrigieren*, https://doi.org/10.1007/978-3-658-51598-0_8

nerseits das Erlernen grundlegender Prompting-Strategien und das kritische Prüfen von Ergebnissen, andererseits aber auch die Kenntnis rechtlicher Rahmenbedingungen und institutioneller Richtlinien. Nur so lässt sich ein verantwortungsvoller Umgang gewährleisten, der sowohl den Chancen als auch den Risiken gerecht wird.

Der Ausblick auf die kommenden Jahre macht deutlich, dass die Relevanz von KI im akademischen Kontext weiter wachsen wird. Sprachmodelle entwickeln sich zu multimodalen Systemen, die Texte, Bilder, Audio und Daten gleichzeitig verarbeiten können. Neue Tools werden Forschung, Lehre und Publikationspraxis prägen und möglicherweise die Art und Weise, wie wir Wissen erzeugen und verbreiten, grundlegend verändern. Zugleich werden gesellschaftliche Debatten über Regulierung, Transparenz und Fairness an Bedeutung gewinnen. Hochschulen und Forschungsinstitutionen sind gefordert, klare Leitlinien zu entwickeln, die Innovation fördern, ohne die Integrität wissenschaftlicher Arbeit zu gefährden.

Empfehlungen für Studierende und Lehrende

Um KI verantwortungsvoll und gewinnbringend einzusetzen, lassen sich folgende Handlungsempfehlungen ableiten:

- Führe ein KI-Logbuch: Dokumentiere Prompts, Ergebnisse und deine eigene Reflexion. So machst du transparent, was Eigenleistung ist und wo KI unterstützt hat.
- Nutze mindestens zwei Tools im Vergleich: Beispielsweise ChatGPT für kreative Ideen und Perplexity oder Elicit für die Überprüfung anhand von Quellen. Dadurch erhöhst du die Qualität und vermeidest einseitige Ergebnisse.
- Prüfe rechtliche Vorgaben: Orientiere dich an den Richtlinien deiner Hochschule zu KI-Nutzung (z. B. Kennzeichnungspflichten in Haus- oder Abschlussarbeiten).
- Hinterfrage Ergebnisse kritisch: Validere Inhalte durch klassische Literaturrecherche und prüfe Quellen, anstatt KI-Ausgaben ungeprüft zu übernehmen.
- Behalte die Kontrolle: KI sollte Denkanstöße geben, Entscheidungen über Fragestellung, Methode und Argumentation bleiben bei dir.

- Schule deine Kompetenzen: Für Lehrende bietet es sich an, Workshops oder kurze Einführungen zum Umgang mit KI-Tools in die Lehre zu integrieren, um Studierende frühzeitig an eine reflektierte Nutzung heranzuführen.
- Fördere Transparenz: In der Lehre kann es hilfreich sein, die Studierenden dazu zu ermutigen, KI-Einsatz offen zu deklarieren, um eine Kultur des bewussten und verantwortungsvollen Umgangs zu fördern.

Schlussgedanke

KI ist kein Allheilmittel, sondern ein Werkzeug, dessen Wirkung vom Umgang der Menschen mit ihr abhängt. Sie kann das wissenschaftliche Arbeiten transformieren – vorausgesetzt, sie wird reflektiert, ethisch und methodisch fundiert eingesetzt. Der Ausblick ist daher zugleich eine Einladung: die Chancen von KI mutig zu ergreifen, ihre Risiken ernst zu nehmen und gemeinsam an einer Wissenschaftspraxis zu arbeiten, die durch Technologie bereichert, aber weiterhin vom Menschen getragen wird.

Glossar

1. Mini-Glossar

- **AGI (Starke KI)**
  Hypothetische KI mit allgemein-menschlicher Intelligenz, die flexibel Probleme in vielen Bereichen lösen kann.
- **Alignment-Problem**
  Die Frage, wie man KI so ausrichtet, dass sie wirklich im Sinne menschlicher Werte handelt.
- **Bias (Verzerrung)**
  Systematische Schieflage in KI-Modellen, die zu unfairen Ergebnissen führen kann (z. B. Diskriminierung).
- **Chain-of-Thought-Prompting**
  Man bittet die KI ausdrücklich, Schritt für Schritt zu denken und zu argumentieren.
- **CNN (Convolutional Neural Network)**
  Neuronales Netz, das besonders gut Bilder/ visuelle Daten verarbeiten kann (z. B. Tumorerkennung).

© Der/die Herausgeber bzw. der/die Autor(en), exklusiv lizenziert an Springer Fachmedien Wiesbaden GmbH, ein Teil von Springer Nature 2026
K. K. Meyer-Ross, *Wissenschaftliches Arbeiten mit KI: Effizient schreiben, recherchieren und korrigieren*, https://doi.org/10.1007/978-3-658-51598-0

- **Deep Learning**
Sehr tiefe neuronale Netze, die komplexe Muster aus riesigen Datenmengen lernen.

- **DeepSeek.ai**
KI-Assistent mit Fokus auf MINT-Themen, der klare, technisch orientierte Gliederungen liefert.

- **DSGVO**
Europäische Datenschutz-Regeln, die festlegen, wie personenbezogene Daten (z. B. Gesundheitsdaten) mit KI verarbeitet werden dürfen.

- **Elicit.org**
Recherche-KI, die wissenschaftliche Literatur scannt, Forschungslücken aufzeigt und Themen eingrenzt.

- **Eigenleistung**
Der Teil deiner wissenschaftlichen Arbeit, der wirklich von dir kommt – Analyse, Bewertung, Reflexion.

- **Erklärbare KI (Explainable AI)**
Ansatz, KI-Entscheidungen nachvollziehbar zu machen („Warum kam sie zu diesem Ergebnis?").

- **EU AI Act**
EU-Gesetzesrahmen, der KI nach Risikoklassen reguliert und Transparenzpflichten vorgibt.

- **Forschungslücke**
Etwas, das in der bisherigen Forschung noch nicht (ausreichend) beantwortet ist.

- **Generative KI (GenAI)**
KI, die neue Inhalte erzeugt wie Texte, Bilder, Code oder Audio.

- **Gliederung**
Die logische Struktur deiner wissenschaftlichen Arbeit (Kapitelaufbau, Argumentationsfluss).

- **Halluzination (KI)**
Wenn KI „plausible" Inhalte erfindet, die faktisch falsch sind oder Quellen erfindet.

- **Hesse.ai**
Deutschsprachiges Wissenschafts-KI-Tool für Fragestellung, Gliederung und Methodik (Haus-/Bachelor-/Masterarbeiten).

- **Human–AI Collaboration („KI als Co-Pilot")**
Rollenverteilung: KI macht Vorschläge, der Mensch bewertet und trägt die Verantwortung.
- **IMRAD-Struktur**
Standardaufbau vieler naturwissenschaftlicher Arbeiten: Introduction, Methods, Results, Discussion.
- **Iterationsprozess (Prompt-Iteration)**
Arbeiten mit KI als Schleife: nachschärfen, korrigieren, präzisieren, statt erste Antwort einfach zu übernehmen.
- **KI (Künstliche Intelligenz)**
Informatiksysteme, die lernen, planen, Muster erkennen und Entscheidungen treffen können.
- **KI-Logbuch**
Dokumentation, wie du KI in deiner Arbeit verwendet hast (Prompts, Antworten, was du übernommen hast).
- **Large Language Model (LLM)**
Großes Sprachmodell, das Texte versteht und generiert (z. B. GPT), aber kein Bewusstsein hat.
- **Maschinelles Lernen (ML)**
Algorithmen, die Muster aus Beispieldaten lernen, statt nur feste Regeln zu befolgen.
- **Overt Prompting/Rollenprompting**
Dem Modell explizit eine Rolle geben („Du bist eine Professorin für …"), um Stil und Tiefe zu steuern.
- **Perplexity.ai**
KI-Suche, die Antworten mit Quellen kombiniert und aktuelle Diskurse sichtbar macht.
- **Plagiat**
Die Übernahme fremder oder KI-erzeugter Texte als „eigene Leistung" ohne Kennzeichnung.
- **Predictive Maintenance**
Vorausschauende Wartung in der Industrie: KI sagt Maschinenausfälle frühzeitig voraus.
- **Prompt**
Die Eingabe/Aufforderung an die KI.

- **Prompting**
Die bewusste Technik, wie man KI durch geeignete Prompts steuert.
- **Scite Assistant**
KI-Tool, das Gliederungen mit passenden wissenschaftlichen Quellen koppelt.
- **Scoping Review**
Breite Kartierung des Forschungsstands zu einem Thema, ohne jede Studie im Detail zu bewerten.
- **Schwache KI (Narrow AI)**
Spezialisierte KI für eng begrenzte Aufgaben (z. B. Spamfilter, Chatbot).
- **Transformer**
Modellarchitektur moderner Sprachmodelle, die Kontext sehr effizient parallel verarbeitet.
- **Transparenzpflicht**
Pflicht offenzulegen, wenn und wie KI an einer wissenschaftlichen Arbeit mitgewirkt hat.
- **Überwachtes Lernen (Supervised Learning)**
Lernen mit gelabelten Beispielen („Das ist Spam/kein Spam").
- **Unüberwachtes Lernen (Unsupervised Learning)**
Lernen ohne Labels, das selbst Muster und Cluster in Daten findet.

2. Thematisch sortiertes Glossar

A. Technik & Methoden

- **Künstliche Intelligenz (KI)**
  Allgemeiner Begriff für Systeme, die aus Daten lernen, Muster erkennen und Entscheidungen treffen.
- **Maschinelles Lernen (ML)**
  Unterfeld der KI, bei dem Modelle aus Beispielen lernen statt rein programmiert zu werden.
- **Deep Learning**
  Mehrschichtige neuronale Netze, die extrem komplexe Muster aus großen Datenmengen ziehen können.
- **Transformer**
  Architektur moderner Sprachmodelle; Grundlage von Systemen wie GPT.
- **Large Language Model (LLM)**
  Sehr großes Sprachmodell, das natürliche Sprache verstehen und erzeugen kann.

© Der/die Herausgeber bzw. der/die Autor(en), exklusiv lizenziert an Springer Fachmedien Wiesbaden GmbH, ein Teil von Springer Nature 2026
K. K. Meyer-Ross, *Wissenschaftliches Arbeiten mit KI: Effizient schreiben, recherchieren und korrigieren*, https://doi.org/10.1007/978-3-658-51598-0

- **Convolutional Neural Network (CNN)**
  Architektur, die besonders gut mit Bilddaten umgehen kann (z. B. in Medizin, Robotik).
- **Überwachtes Lernen (Supervised Learning)**
  Training mit korrekt gelabelten Beispielen.
- **Unüberwachtes Lernen (Unsupervised Learning)**
  Training ohne Labels, Modell sucht selbst Strukturen.
- **Bestärkendes Lernen (Reinforcement Learning)**
  Lernen durch Belohnung/Bestrafung in einer simulierten oder realen Umgebung.
- **Predictive Maintenance**
  KI-gestützte Vorhersage von Maschinenausfällen zur optimierten Wartung.
- **Schwache KI (Narrow AI)**
  Spezialisierte KI für klar begrenzte Aufgaben.
- **AGI/Starke KI**
  Zielvorstellung einer allgemein denkfähigen KI auf (mindestens) Menschen-Niveau.
- **IMRAD-Struktur**
  Typischer Aufbau naturwissenschaftlicher Arbeiten: Introduction, Methods, Results, Discussion (wichtig, weil viele wissenschaftsorientierte KI-Tools in dieser Logik strukturieren).

B. Tools & praktische Arbeitsunterstützung

- **Prompt**
  Die Eingabe/Aufgabe an die KI.
- **Prompting**
  Das bewusste Steuern der KI durch präzise, kontextreiche Anweisungen.
- **Overt Prompting/Rollenprompting**
  Der KI eine Rolle geben („Du bist Methoden-Dozentin …"), um Ton und Tiefe zu lenken.
- **Chain-of-Thought-Prompting**
  Die KI ausdrücklich bitten, Schritt für Schritt zu argumentieren.

- **Iterationsprozess**
  Arbeiten mit KI als Dialog in mehreren Runden, nicht als Einmal-Abgabe.
- **Generative KI (GenAI)**
  KI, die neue Inhalte produziert (Text, Bild, Code usw.).
- **Halluzinationen**
  Frei erfundene „Fakten" der KI – ein Risiko, das aktiv geprüft werden muss.
- **Hesse.ai**
  Deutschsprachiges Wissenschaftstool für Fragestellung, Gliederung, Methodik.
- **DeepSeek.ai**
  Technikorientierter Assistent, stark bei MINT-Logik und IMRAD-Strukturen.
- **Elicit.org**
  KI-gestützte Literaturrecherche, hilft bei Themenfindung und Forschungslücken.
- **Perplexity.ai**
  Antwort-Suchmaschine mit Quellenangaben, nützlich für Überblicksrecherchen.
- **Scite Assistant**
  Tool, das Gliederungen direkt mit wissenschaftlichen Quellen verbindet.
- **Gliederung**
  Der Kapitel- und Argumentationsaufbau einer wissenschaftlichen Arbeit.
- **Forschungslücke**
  Das spezifische „Was ist noch ungeklärt?", das die eigene Arbeit rechtfertigt.
- **Scoping Review**
  Breite Kartierung des Forschungsstands zu einem Thema.
- **KI-Logbuch**
  Dokumentation, wie KI im eigenen Schreib- oder Forschungsprozess eingesetzt wurde (Prompts, Output, eigene Bewertung).

C. Verantwortung, Recht & Wissenschaftsethik

- **Eigenleistung**
Dein eigener Denkanteil: bewerten, auswählen, argumentieren. Der Kern deiner Prüfung.
- **Plagiat**
Texte (auch KI-Texte!) ungekennzeichnet als eigene Arbeit ausgeben.
- **Transparenzpflicht**
Offenlegen, wo und wie KI geholfen hat (z. B. in Methodik oder Anhang).
- **EU AI Act**
EU-Regelwerk, das KI-Anwendungen in Risikoklassen einteilt und Sicherheits-/Transparenzanforderungen stellt.
- **DSGVO**
Datenschutzrecht der EU, das z. B. verbietet, sensible personenbezogene Daten einfach so in externe KI-Systeme hochzuladen.
- **Bias (Verzerrung)**
Systematische Benachteiligung durch KI-Modelle (z. B. unfaire Entscheidungen bei Kreditwürdigkeit oder im Recruiting).
- **Explainable AI (Erklärbare KI)**
Forderung, dass KI-Entscheidungen nachvollziehbar sein müssen (gerade in sensiblen Bereichen wie Medizin, Bildung, Verwaltung).
- **Alignment-Problem**
Die zentrale offene Frage, wie man KI dauerhaft so steuert, dass sie mit menschlichen Werten kompatibel bleibt.
- **Human–AI Collaboration/„KI als Co-Pilot"**
Arbeitsmodell, in dem KI dich unterstützt, du aber Verantwortung und Urteilshoheit behältst.

Literatur

Arksey, E. M., & O'Malley, L. (2005). Scoping studies: towards a methodological framework. *International Journal of Social Research Methodology, 8*(1), 19–32. https://doi.org/10.1080/1364557032000119616

Bender, E. M., Gebru, T., McMillan-Major, A., & Shmitchell, S. (2021). On the dangers of stochastic parrots: Can language models be too big? *Proceedings of the 2021 ACM conference on fairness, accountability, and transparency* (FAccT '21), 610–623. https://doi.org/10.1145/3442188.3445922

Bommasani, R., Hudson, D. A., Adeli, E., Altman, R., Arora, S., von Arx, S., Bernstein, M. S., Bohg, J., Bosselut, A., Brunskill, E., Brynjolfsson, E., Buch, S., Card, D., Castellon, R., Chatterji, N., Chen, A., Creel, K., Quincy Davis, J., Demszky, D., … Liang, P. (2021). On the Opportunities and Risks of Foundation Models. *arXiv*. https://doi.org/10.48550/arXiv.2108.07258

Brew, A. (2006). Research and teaching: Beyond the divide, ISBN: 9780335214044

Brown, T. B., Mann, B., Ryder, N., Subbiah, M., Kaplan, J., Dhariwal, P., Neelakantan, A., Shyam, P., Sastry, G., Askell, A., Agarwal, S., Herbert-Voss, A., Krueger, G., Henighan, T., Child, R., Ramesh, A., Ziegler, D. M., Wu, J., Winter, C., et al. (2020). Language models are few-shot learners. *In Advances in Neural Information Processing Systems (NeurIPS)*. https://doi.org/10.48550/arXiv.2005.14165

Brundage, M., Avin, S., Clark, J., Toner, H., Eckersley, P., Garfinkel, B., Dafoe, A., Scharre, P., Zeitzoff, T., Filar, B., Anderson, H., Roff, H., Allen, G. C., Steinhardt, J., Flynn, C., Éigeartaigh, S. O., Beard, S. J., Belfield, H., Farquhar, S., Amodei, D., … Amodei, D. (2018). The malicious use of artificial Intelligence: Forecasting, Prevention, and Mitigation. *arXiv.* https://doi.org/10.48550/arXiv.1802.07228

Bubeck, S., Chandrasekaran, V., Eldan, R., Gehrke, J., Horvitz, E., Kamar, E., Lee, P., Tat Lee, Y., Li, Y., Lundberg, S., Nori, H., Palangi, H., Tulio Ribeiro, M. & Zhang, Y. (2023). Sparks of Artificial General Intelligence: Early experiments with GPT-4. arXiv. https://doi.org/10.48550/arXiv.2303.12712

Buolamwini, J., & Gebru, T. (2018). Gender shades: Intersectional accuracy disparities in commercial gender classification. *Proceedings of Machine Learning Research, 81,* 1–15. https://proceedings.mlr.press/v81/buolamwini18a.html

Choi, T. M., Wallace, S. W., & Wang, Y. (2018). Big data analytics in operations management. *Production and Operations Management, 27*(10), 1868–1889. https://doi.org/10.1111/poms.12838

Chowdhery, A., Narang, S., Devlin, J., Bosma, M., Mishra, G., Roberts, A., Barham, P., Won Chung, H., Sutton, C., Gehrmann, S., Schuh, P., Shi, K., Tsvyashchenko, S., Maynez, J., Rao, A., Barnes, P., Tay, Y., Shazeer, N., Prabhakaran, V., … Fiedel, N. (2022). PaLM: Scaling Language Modeling with Pathways. *arXiv.* https://doi.org/10.48550/arXiv.2204.02311

Coudray, N., Ocampo, P. S., Sakellaropoulos, T., Narula, N., Snuderl, M., Fenyo, D., Moreira, A. L., Razavian, N., & Tsirigos, A. (2018). Classification and mutation prediction from non–small cell lung cancer histopathology images using deep learning. *Nature Medicine, 24*(10), 1559–1567. https://doi.org/10.1038/s41591-018-0177-5

DeepL, S. E. (2023). *DeepL translator.* DeepL. Verfügbar unter https://www.deepl.com

Dreier, T., & Schulze, G. (Hrsg.). (2022). *Urheberrechtsgesetz: UrhG* (7. Aufl.). C.H. Beck.

Eco, U. (2010). *Wie man eine wissenschaftliche Abschlussarbeit schreibt,* C.F. Müller Verlag in Heidelberg. ISBN: 9783406605273

Esteva, A., Kuprel, B., Novoa, R. A., Ko, J., Swetter, S. M., Blau, H. M., & Thrun, S. (2017). Dermatologist-level classification of skin cancer with deep neural networks. *Nature, 542*(7639), 115–118. https://doi.org/10.1038/nature21056

ETH Zürich. (2023). *Leitlinien zum Umgang mit Künstlicher Intelligenz in Studium und Lehre*. ETH Zürich [Online verfügbar: https://ethz.ch – Stand: 2023]

Flick, U.(2022). *Qualitative Sozialforschung*, UTB Verlag. ISBN: 9783825259614

Floridi, L., Cowls, J., Beltrametti, M., Chatila, R., Chazerand, P., Dignum, V., Luetge, C., Madelin, R., Pagallo, U., Rossi, F., Schafer, B., Valcke, P., & Vayena, E. (2018). AI4People – An ethical framework for a good AI society: Opportunities, risks, principles, and recommendations. *Minds and Machines, 28*, 689–707. https://doi.org/10.1007/s11023-018-9482-5

Frey, C. B., & Osborne, M. A. (2017). The future of employment: How susceptible are jobs to computerisation? *Technological Forecasting and Social Change, 114*, 254–280. https://doi.org/10.1016/j.techfore.2016.08.019

Gabriel, I. (2020). Artificial intelligence, values, and alignment. *Minds and Machines, 30*(3), 411–437. https://doi.org/10.1007/s11023-020-09539-2

Goertzel, B., & Pennachin, C. (Hrsg.). (2007). *Artificial general intelligence*. Springer. https://doi.org/10.1007/978-3-540-68677-4

Gómez-Uribe, C. A., & Hunt, N. (2015). The Netflix recommender system: Algorithms, business value, and innovation. *ACM Transactions on Management Information Systems, 6*(4), 1–19. https://doi.org/10.1145/2843948

Grammarly Inc. (2023). *Grammarly for education*. Grammarly. https://www.grammarly.com

Hesse.ai (2023). Anbieterinformationen: https://hesse.ai

Hoy, M. B. (2018). Alexa, Siri, Cortana, and more: An introduction to voice assistants. *Medical Reference Services Quarterly, 37*(1), 81–88. https://doi.org/10.1080/02763869.2018.1404391

Jain, A. K. (2010). Data clustering: 50 years beyond K-means. *Pattern Recognition Letters, 31*(8), 651–666. https://doi.org/10.1016/j.patrec.2009.09.011

Jarrahi, M. H. (2018). Artificial intelligence and the future of work: Human-AI symbiosis in organizational decision making. *Business Horizons, 61*(4), 577–586. https://doi.org/10.1016/j.bushor.2018.03.007

Jobin, A., Ienca, M., & Vayena, E. (2019). The global landscape of AI ethics guidelines. *Nature Machine Intelligence, 1*(9), 389–399. https://doi.org/10.1038/s42256-019-0088-2

Kaplan, A., & Haenlein, M. (2019). Siri, Siri, in my hand: Who's the fairest in the land? On the interpretations, illustrations, and implications of artificial intelligence. *Business Horizons, 62*(1), 15–25. https://doi.org/10.1016/j.bushor.2018.08.004

Knuth, D. E. (1997). The art of computer programming, Addison-Wesley. ISBN: 9780201896831

Kojima, T., Gu, S. S., Reid, M., Matsuo, Y., & Iwasawa, Y. (2022). Large language models are zero-shot reasoners. *Advances in Neural Information Processing Systems (NeurIPS)..* https://arxiv.org/abs/2205.11916

Krizhevsky, A., Sutskever, I., & Hinton, G. E. (2012). *ImageNet classification with deep convolutional neural networks. Advances in Neural Information Processing Systems 25(NeurIPS 2012)*, 1097–1105.

Kruse, O. (2010). Technik des wissenschaftlichen Arbeitens, UTB Verlags. ISBN: 9783825283091

Kummerfeld, E. (2022). Elicit: A language model-powered research assistant for the literature review process. *arXiv*. https://doi.org/10.48550/arXiv.2205.12690

Lake, B. M., Ullman, T. D., Tenenbaum, J. B., & Gershman, S. J. (2017). Building machines that learn and think like people. *Behavioral and Brain Sciences, 40*, e253. https://doi.org/10.1017/S0140525X16001837

Läubli, S., & Orrego-Carmona, D. (2017). When Google translate is better than some human colleagues, those people are no longer colleagues. In *translating and the computer 39: Proceedings of the 39th translating and the computer conference* AsLing (The International Association for Advancement in Language Technology). (London)

LeCun, Y., Bengio, Y., & Hinton, G. (2015). Deep learning. *Nature, 521*(7553), 436–444. https://doi.org/10.1038/nature14539

Liu, P., Yuan, W., Fu, J., Jiang, Z., Hayashi, H., & Neubig, G. (2023). Pre-train, Prompt, and Predict: A Systematic Survey of Prompting Methods in Natural Language Processing. *ACM Computing Surveys, 55*(9), 1–35. https://doi.org/10.1145/3504524

McCulloch, W. S., & Pitts, W. (1943). A logical calculus of the ideas immanent in nervous activity. *The Bulletin of Mathematical Biophysics, 5*, 115–133. https://doi.org/10.1007/BF02478259

Mitchell, T. M. (1997). *Machine Learning*. McGraw-Hill. https://doi.org/10.5555/551607

Mittelstadt, B. D., Allo, P., Taddeo, M., Wachter, S., & Floridi, L. (2016). The ethics of algorithms: Mapping the debate. *Big Data & Society, 3*(2), 1–21. https://doi.org/10.1177/2053951716679679

Noteable. (2023). *Noteable: Collaborative data notebook with AI integration*. Verfügbar unter https://noteable.io

OpenAI. (2023). GPT-4 Technical Report. https://doi.org/10.48550/arXiv.2303.08774

Radford, A., Wu, J., Child, R., Luan, D., Amodei, D., & Sutskever, I. (2019). Language Models are Unsupervised Multitask Learners. *OpenAI.*. https://cdn.openai.com/better-language-models/language_models_are_unsupervised_multitask_learners.pdf

Rumelhart, D. E., Hinton, G. E., & Williams, R. J. (1986). Learning representations by back-propagating errors. *Nature, 323*(6088), 533–536. https://doi.org/10.1038/323533a0

Ryan, R. M., & Deci, E. L. (2000). Self-determination theory and the facilitation of intrinsic motivation, social development, and Well-being. https://doi.org/10.1037/0003-066X.55.1.68

scite.ai (2024). Plattformbeschreibung: https://scite.ai

Strubell, E., Ganesh, A., & McCallum, A. (2019). Energy and policy considerations for deep learning in NLP. *arXiv.* https://doi.org/10.48550/arXiv.1906.02243

Sutton, R. S., & Barto, A. G. (2018). *Reinforcement learning: An introduction* (2nd ed.). MIT Press.

Tome Inc. (2023). *Tome – Generative AI for presentations.* Tome. https://tome.app

Touvron, H., Lavril, T., Izacard, G., Martinet, X., Lachaux, M.-A., Lacroix, T., Rozière, B., Goyal, N., Gallé, M., & Lample, G. (2023). LLaMA: Open and efficient foundation language models. *arXiv.* https://doi.org/10.48550/arXiv.2302.13971

Universität Wien. (2023). *Richtlinien zur Verwendung von KI-gestützten Tools in wissenschaftlichen Arbeiten.* Wien: Universität Wien. [Online verfügbar: https://universitaet.wien – Stand: 2023]

Vaswani, A., Shazeer, N., Parmar, N., Uszkoreit, J., Jones, L., Gomez, A. N., Kaiser, Ł., & Polosukhin, I. (2017). Attention is All You Need. *Advances in Neural Information Processing Systems.* https://doi.org/10.48550/arXiv.1706.03762

Voigt, P., & von dem Bussche, A. (2021). *The EU general data protection regulation (GDPR): A practical guide* (2nd ed.). Springer.

Wei, J., Wang, X., Schuurmans, D., Bosma, M., Ichter, B., Xia, F., Chi, E., Le, Q., & Zhou, D. (2022). Chain-of-Thought Prompting Elicits Reasoning in Large Language Models. *arXiv preprint* https://arxiv.org/abs/2201.11903. https://arxiv.org/abs/2201.11903

White, J., Fu, Q., Hays, S., Sandborn, M., Olea, C., Gilbert, H., Ashraf Elnashar, A., Spencer-Smith, J., & Schmidt, D. C. (2023). A prompt pattern catalog to enhance prompt engineering with ChatGPT. https://doi.org/10.48550/arXiv.2302.11382

Wu, Y., Schuster, M., Chen, Z., Le, Q. V., Norouzi, M., Macherey, W., Krikun, M., Cao, Y., Gao, Q., Macherey, K., Klingner, J., Shah, A., Johnson, M., Liu, X., Kaiser, Ł, Gouws, S., Kato, Y., Kudo, T., Kazawa, H., … Dean, J. (2016). Google's Neural Machine Translation System: Bridging the Gap between Human and Machine Translation. *arXiv*. https://doi.org/10.48550/arXiv.1609.08144

Yurtsever, E., Lambert, J., Carballo, A., & Takeda, K. (2020). A survey of autonomous driving: Common practices and emerging technologies. *IEEE Access, 8*, 58443–58469. https://doi.org/10.1109/ACCESS.2020.2983149

Zhavoronkov, A., Ivanenkov, Y. A., Aliper, A., Veselov, M. S., Aladinskiy, V. A., Aladinskaya, A. V., Terentiev, V. A., Polykovskiy, D. A., Kuznetsov, M. D., Asadulaev, A., Volkov, Y., Zholus, A., Shayakhmetov, R. R., Zhebrak, A., Minaeva, L. I., Zagribelnyy, B. A., Lee, L. H., Soll, R., Madge, D., et al. (2019). Deep learning enables rapid identification of potent DDR1 kinase inhibitors. *Nature Biotechnology, 37*(9), 1038–1040. https://doi.org/10.1038/s41587-019-0224-x

Zonta, T., da Costa, C. A., da Rosa Righi, R., de Lima, M. J., da Trindade, E. S., & Li, G. P. (2020). Predictive maintenance in the Industry 4.0: A systematic literature review. *Computers & Industrial Engineering, 150*, 106889. https://doi.org/10.1016/j.cie.2020.106889

MIX
Papier aus verantwortungsvollen Quellen
Paper from responsible sources
FSC® C105338

If you have any concerns about our products,
you can contact us on
ProductSafety@springernature.com

In case Publisher is established outside the EU,
the EU authorized representative is:
**Springer Nature Customer Service Center GmbH
Europaplatz 3, 69115 Heidelberg, Germany**

Printed by Libri Plureos GmbH
in Hamburg, Germany